拝啓、アスペルガー先生

私の支援記録より

増補文庫版の刊行にあたって

飛鳥新社の『拝啓、アスペルガー先生　私の支援記録より』と、そのマンガ版である『拝啓、アスペルガー先生 マンガ版 異才の出張カウンセラー実録』、スペクトラム出版社からの続編『マンガ 奥田健次の出張カウンセリング　自閉症の家族支援物語』が、それぞれロングセラーとなっています。

この度、文庫版を出したいと打診されました。ただ文庫にするだけでは芸がないので、オリジナルの雑誌連載から、なんと6話も追加しようということになりました。ですので、単なる文庫版というより増補版ということになります。

内容はすべて実際のケースに基づいています。タイトルは小説っぽく「拝啓、アスペルガー先生」としていますけれども、定型発達の子どもも含めてすべての子どもの育ちにおいて配慮すべき事柄や行動の目標や修正、その結果による生活の質の向上など共通するところが多いのではないかと思います。

増補文庫版『拝啓、アスペルガー先生』をお楽しみください。

はじめに

私はどうも周囲と違ったことばかりしているようです。

たとえば大学教員時代、学術学会のシンポジウムに出席したときのこと。365日クールビズな私がいつも通りTシャツ1枚で会場に現れると、企画者の先生（有名な国立大学の教授です）から打ち上げの席でこっぴどく叱られ、「来年のシンポジウムでは必ずネクタイをしてくるように！」と言われてしまいました。

1年後、またもTシャツ1枚で出かけた私は、会場入り口でネクタイを取り出し、着用しました。Tシャツの上から。例の教授が私を見ると、「……外しなさい」とひと言。素直な私は「かしこまりました」とネクタイを外した次第です。それ以降、この教授が私にネクタイの話をしてくることはありません。

とまあ、万事こんな調子なのですが、こんな大変な世の中では私のように周囲と反対のことばかりやる人間が活躍できる場もあるのです。

それは、子育て相談やら発達障害の子どもたちへの出張カウンセリングを中心とした臨床活動です。

もう20年以上にもなるのですが、私の支援プランとその成果については、国内のみならず海外でも発表する度に驚かれます。

「そんな方法があったのか」

「大変ユニークで面白い方法だけど、原理的に合致している」

などと医師や行動分析学の専門家は言います。

教師や保護者は、

「えっ？　まったく逆のことをやっていました」

「大切な点を見誤っていました」

などと言います。

本書では、そんな過去の支援から思い出に残っている子どもたちとのエピソードを紹介します。すべて、私のこれまで20年間に出会った子どもや家族たちで、実際に出会ったその時々の問題と乗り越えた記録に基づいています。

各話にひとりずつ主人公が登場しますが、その子どもたちは、他の誰でもなくそれぞれ世界にひとりのかけがえのない存在です。たとえ、病院で「○○症」「○○障害」などと共通の診断名を付けられていても、診断名にくくられる必要はありません。子どもたちの会話もチャーミング。たびたび、子どもの発言に私がツッコミを入れざるを得ないことがあり、日々、漫才のようになってしまいます。子どもや家族が大きく変わる姿というのは、ドラマ以上にドラマチックで感動的です。それに関わることを仕事にしている私は、本当に幸せ者です。

だからと言って、私は本書でハウツーを伝えたいわけではありません。そうではなく、発達障害の子どもはこんなに変わるんだという事実を、読み物としてお楽しみいただきながら、多くの方に知ってほしいのです。

本書で紹介する問題は、そこに関係を感じない方々には小さなことに思えるかも知れませんが、真剣に悩む子どもたちやご家族にとっては高い壁のようなものです。

その壁を突き崩すか乗り越えるか。

その支援方法をハウツーで捉えるのではなく、何としてでも壁の向こうに行こうとする意志の強さをご覧いただきたいのです。

いや、突き崩すのでもなく乗り越えるのでもなく、場合によっては穴を掘って壁の向こうに行く道筋を描くこともあるでしょうし、目の前の壁は間違いで別の壁を乗り越えることを示す場合もあるでしょう。ネクタイをしないという目的を達成するために、Ｔシャツの上にネクタイをするような方法も、おおいにアリなのです。

現在の精神疾患の診断基準につながる重要な症例を、世界で最初に報告した医者のひとりがオーストリアの小児科医ハンス・アスペルガー先生（１９０６〜１９８０年）でした。アスペルガー先生が亡くなった翌年、自閉症の中でも「アスペルガー型」「アスペルガー症候群」と呼ばれる概念が発表されて世界中で名を知られることになりました。

アスペルガー先生には「その子どもに合った適切な教育を施せば、子どもたちは才能を発揮する」という確固たる信念がありました。「才能を発揮する」という表現には誤解や混乱を生み出した歴史もありますが、一人ひとりに合わせた適切な教育の必要性や可能性に注目すべきだと思うのです。

本書で取り上げたのはアスペルガー症候群に限らず、自閉症スペクトラム、ＬＤ（学習障害）やＡＤＨＤ（注意欠陥多動性障害）と診断された子どもたちもいますが、いずれもそれぞれに合わせた適切な課題や目標を設定して支援を行っています。

アスペルガー先生がもしまだ生きておられたなら、私の支援した子どもの姿を見てもらいたかったと思っています。

だって、才能、魅力、発揮しまくりですからね。

拝啓、アスペルガー先生。

こんなありえへん支援が世の中にあっても、いいんじゃないでしょうか？

＊編集部註　数字は単行本版『拝啓、アスペルガー先生　私の支援記録より』執筆時のものです

拝啓、アスペルガー先生　もくじ

1 学校へ行こう

チトくんの話

チトくんは幼稚園の年長さんのときに、精神科医にアスペルガー症候群と診断されました。

「最初に生まれた子だから難しいのかな」——お母さんは、1歳の誕生日を迎える前から育てにくさを感じていたそうです。運動的な遅れもなく、言葉も1歳の誕生日のときには出ていたし、1歳半健診でも3歳児健診でも特に何か問題があると言われませんでした。

お父さんは、よく言えば「仕事熱心」。でも、子育てにはあまり興味はないようで、家にいても自分の部屋に閉じこもってパソコンで遊んでいる日々でした。2人目の子どもが生まれても、何の手助けもしてくれません。

チトくんは年中さんの学年から幼稚園に入園しましたが、友達となかなかうまく遊べずに孤立していました。たびたび「幼稚園なんか、行きたくない！」と登園しぶりも見られ、何とか連れて行っても、体調不良を訴えて電話がかかってくる毎日でした。

自宅では、お父さんが買い与えた携帯ゲームで遊んでいます。お父さんは「さすが息子、父親と同じ趣味だな」という感じで、幼稚園に行きたがらないことや将来のことなど、何の心配もしていない様子でした。

お母さんは、家の中で完全に孤立していったようです。ひたすら、チトくんの主張に耳を傾けていました。

小学校入学前に主治医に「本人の意思を尊重してあげて」と言われて、違和感を感じながらもそうしてきたけど、ますます、育てにくくなる。

そして、入学してから、たった1か月で保健室登校になってしまったのです。

小学校に来るスクールカウンセラーも、「アスペルガーなんかは心の病じゃないので、教育をしっかりやるしかないです」としか言ってくれず、何の希望も見いだせませんでした。

万策尽きかけたお母さんでしたが、アスペルガー障害のことや自閉症療育の本を読んでいるうち、私のことを知りました。「何だか今までの医師やカウンセラーとは違う」と感じたそうで、すぐに相談の申し込みをしてきました。チトくんとの初めての出会いは、チトくんが小学2年生の秋で、すでに教室に入れない状態が1年半続いていました。

イカサマのオンパレードは仲良くなる練習!?

最初にお母さんが連れて来たとき、チトくんは緊張して青ざめていました。そこで、お母さんとの面接が終わった後の少しの時間、チトくんの好きな虫の話をしました。ちょっとだけ、元気になって帰った感じでした。

次に来たときには、もっといろんな会話ができました。好きな乗り物、好きな食べ物、好きな遊び、好きな歌。交代交代で質問をし合いましたが、たぶん、他の人が見ると「まだまだ、よそよそしいふたり」だったに違いありません。意識的に、ゲーム的に、機械的に、1回交代で質問と応答を繰り返しました。

スムーズに質問と応答ができるようになってきたので、トランプで「ばば抜き」をやることにしました。お母さんを入れて3人で。

ここからが、私のヒドイところです。「ばば抜き」でできるであろう、ありとあらゆるイカサマを連発しました。「のぞき見る」「トランプを曲げて見る」「チトくんにカードを指さしで選ばせて、選んだのと違うのを渡す」などなど、まさに臨床イカサマ師です。

ばれないようなイカサマではなくて、思いっきりバレバレのイカサマのオンパレード。これは専門用語で「アセスメント」と言います。何かおかしいことをされているときに、それに気付くかどうか。気付いたときに、どのような行動を取ることができるのか確かめます。子どもの中には、ズルをされ続けても首をかしげながら「やめて」と主張せずに負け続ける子もいれば、単純なズルに気付かない子もいます。

チトくんは、「……なんかズルしてるように思うけど？」と、全然怒りません。ちょっと小声でつぶやく程度でした。聞こえぬふりして、ゲームを進めました。それでも、「なんかズルばっかで、ぼくがまた負ける……」と怒る様子もありません。チトくんは、文句を言うのを簡単にあきらめてしまいました。

ちょっと助け船を出す私。私があからさまなイカサマをやっている最中に「先生、ズルしないで!!」と小声で耳打ちです。チトくん、「なるほど」という顔をして、「先生、ズルしないで」と模倣《もほう》してくれました。ちょっとばかり演技派な私は、「あっ！ゴメンゴメン」とか言って、チトくんが「ズルしないで」と言ったときのみ、ズルをやめました。

といっても、またすぐズルをするんですけどね。

こんなイカサマを連続5回ほど続けましたが、チトくん、2回目から上手に自己主張できるようになりました。「先生、ズルしないで！」「先生、ちゃんとやって！」「何度、注意したら分かるの！」などなど、とてもいい感じです。頭の中でボヤくのではなく、声に出して自己主張をすればいいのです。

ところで、「チトくんの好きな友達は誰？」という質問をしたとき、チトくんは本当に困った顔をしていました。しばらく黙った後、こうつぶやきました。

「ぼく、友達いないから……」

そういう答えをされちゃうと、なんだか雰囲気が暗くなった感じがします。一緒にいるお母さんも心配するひと言に、私は速攻でこう答えました。

「ああ、友達がいないのは奥田先生も一緒やん！」

チトくん、意外な顔をしていたけど、これは本当のことです。いないことはないけ

ど少なめです。私が、

「チトくんの友達って、奥田先生でええんちゃうの？」

なんて提案をしたら、チト君はしばらく黙っていたものだから、ちょっと無理があったかなと思ってしまいました。

でも、1か月後に会ったとき、チトくんのお母さんからこう聞いたのです。チトくん、家で「奥田先生はぼくの友達なのに、お母さんばっかり話をしてずるい！」と文句を言ったと。

登校しぶりは直ります

こんなチトくんも、小学3年生を迎えることになりました。

この頃のチトくんは、1日休んで家で過ごしたり、学校に行けてもいわゆる「保健室登校」で、しかも午前中だけで帰ってしまうような毎日でした。お母さんは「元気に毎日学校に通えるようになるなんて、もう無理なのでしょうか？」と相談してきました。

「そんなことは簡単です」と私は言い切りました。

「本当ですか？」

「もうすでに実現しているのが目に浮かぶくらいです。超簡単」

まずはお母さんとの話し合い。お母さんがチトくんにどんなことをしてでも学校に行かせたいと思っているかどうか。それを確かめなきゃ、話が進みません。

私はお母さんに、学校に行くのはチトくんにとって大切なことだ、と伝えました。学校で勉強することが大切だという意味ではありません。約束したことを親子で守ること。これが何よりも大切なのです。

もちろん、乱れている生活習慣を正すことも大切です。そのためにはまず、「教室に入れなくてもいいから、毎日、朝から学校に行けるようにしよう」という目標を立ててました。チトくんにとっては、今はまだ分からないかもしれないけど、大人になったらこれが大切なことだって分かるようになると信じて。

こうした目標を立てることは、チトくんのお母さんにとっても大変なことなのです。精神科医や心理学の先生に相談しても、「チトくんが行きたい気持ちになるのを待ちなさい」「無理に行かせちゃだめだ」などと言われていたそうです。でも、3年経ったけど、何も変わらなかったわけですから。

最近は、小学校に入学したばかりのチトくんの弟も、「兄ちゃんだけ休んでずるい」と言って登校をしぶるようになってきたそうです。このままいくと、きょうだいそろって不登校という、しばしば陥《おちい》る「不登校のきょうだい間連鎖」になってしまう——。

どげんかせんといかんわけです。

私のアイデアは、至って簡単。チト君が楽しみにしていることを「目当て」にして学校に行かせる、ということです。お母さんと話し合ってみると、それは、お母さんと一緒に電車を見に行くことでした。

しかし、これまでは何もしなくても電車を見に行けたわけですから、それをご褒美にするためには、新しいルールが必要です。そこで、「3年生になった大きい兄ちゃんなんだから、これからはタダでは行けないよ。がんばれたときだけ行けるんだよ」と、チトくんを納得させることにしました。

このルールに取り組んでもらうために、1週間の「がんばり表」を作りました（次頁）。

私の原案をお母さんがワープロで仕上げてくれたのですが、月曜日から金曜日までの時間割をコマにして、学校にいられたらその部分を塗っていく、というものです。

早速、今までの登校の記録で塗ってみると……。

	月曜日	火曜日	水曜日	木曜日	金曜日
1時間目					
2時間目					
3時間目					
4時間目					
給食					

1週間の登校がんばり表（支援開始前：遅刻や早退が毎日）

木曜日は朝から登校できたけど4時間目の前に帰る、金曜日は3時間目から登校して給食前に帰る、月曜日は1時間目の途中から登校したけど4時間目の途中で帰る、という具合。がんばり表はガタガタ状態でした。

これをきれいな長方形にすることが目標です。

まずは午後の授業なんて無視、無視。給食までで構わないから、パーフェクトに出席すること。

いきなり教室の中に入るよう求め「行きたいときに行く、帰りたいときに帰る」では確実に失敗します。そうではなくて、すべての決められた時間に保健室にいることぐらいならできそうだと判断し、それをまず目指しました。

この「がんばり表」がきれいな長方形になったら、週末はお母さんと遊びに行けるというわけです。お母さんも忙しいので、週末に外出できるときは「電車に乗って買い物に行く」、外出できないときは「家でTVゲームをやる時間を1時間延長」のどちらかを選べるようにしました。

遅刻したり早退したりして、「がんばり表」が長方形にならなかったら、お母さんと遊びに行けずにお留守番するということも確認してもらいました。

そして、この約束には小学1年生のチトくんの弟も興味を持ってくれたそうです。ちょうどいいので、弟にもやってみることになりました。弟がきれいな長方形になったのに、チトくんは長方形にならなかった場合、お母さんは弟とふたりっきりで電車に乗って遊びに行く。これで、学校を休んだ兄のことで「ずるい」と思うようになっていた弟も、そしてチトくんも、むしろ競って登校するようになるでしょう。お母さんは、こうした新しいルールを、あらかじめチトくんにキッパリと伝えました。

3年生の1学期がスタートしました。これを始めた最初の週、チトくんもがんばったのですが、残念ながら水曜日が3時間目からの登校となってしまって、長方形には

	月曜日	火曜日	水曜日	木曜日	金曜日
1時間目					
2時間目					
3時間目					
4時間目					
給食					

1週間の登校がんばり表（支援結果：遅刻や早退がゼロになり、きれいな四角が続いている）

なりませんでした。

弟は見事にパーフェクト。その週末、お母さんは弟とふたりっきりでチトくんが大好きな特急に乗ってひと駅区間の電車の旅に行きました。もちろん、チトくんは自宅でお留守番。悔し涙を飲みましたが、自分が達成できなかったせいだと分かっています。

楽しい「長方形づくり」

2週目からはチトくんも完璧、バッチリでした。「絶対に達成してみせる！」と鼻息も荒く、毎朝見られたモタモタがなくなりました。そして見事に毎日休まず、昼まで学校にいることが（まだこの段階では保健室メインですが）できるようになったのです。

お母さんは驚きと喜びで一杯だそうです。約束の「週末に電車を見に行く」ってことも実現して、きっと楽しかったことでしょう。それに、きっと達成感も味わったんじゃないかな。

電車を見に行けることも楽しいけれど、長方形になったら気持ちいいでしょう。目標にしていたことが達成できたら楽しいでしょう。この楽しさが分かるようになれば、チトくんも本当にお兄ちゃんなのだと思います。

学校の先生方もみんなすごく驚いているそうです。今までずっとできなかったことが急にできるようになったんだから、先生もあきらめない気持ちになってくれたのかもしれません。

その後、毎週「長方形にすること」ができているチトくん。

またちょっとずつ、新しい目標に向かっていこう。無理しなくていいよ。

でもね、何もしないのは間違いだから、ちょっとずつ無理してもらいますけどね。

大切なのは、小さい目標の積み重ね。

これを「スモールステップの原理」といいまして、私の支援計画ではどんな問題でもこのステップを即座に作ることにしています。実は、成人の人間関係の問題や就労の問題においても同じなのですが、目標のどこをどう小刻みにしていくかが臨床家としての腕の見せどころのひとつなのです。

実際、毎日の保健室登校が無遅刻無欠席になって1か月後、今度はチトくんを教室に入れるようにすることを目指しました。

といっても、2年間ずっと入っていないので授業を全部受けさせるわけではありません。

やっぱりスモールステップです。スタンプラリー式で教室での用事を作って、その用事のために教室に行くという方法を採ったところ（次頁の図）、チトくんは教室にも入れるようになりました。

その後も、スモールステップは先へと進み、小学3年生の終わり頃には保健室で過ごすこともなくなり、すべての時間を教室で過ごせるようになりました。

無理をして急にたくさんの階段を駆け上がると疲れてしまうでしょう。だから、1段ずつ、少しずつ進んでいくわけです。

子どもの歩幅や体力・気力に合わせて、階段を工事していくこと、そして子ども

4 月 12 日 水 ようび		
	チトくん	先生
たんにんの先生 へ ごあいさつ		★
にがおえ 教室		★
かんじドリル ㊩		★
かんじノート 教室		★
きゅう食 まーぼどうふ ㊩		★

先生より
4時限目にお友だちが呼びに来てくれて、教室に行きました。漢字ノートで漢字に初挑戦したんですが、とても疲れたらしく、ちょっぴりかたまりました。でも、マーボどうふを食べておしゃべりしているうちに元気になりました。

保護者より
漢字がつかれたぁ～!!と帰宅してきました。苦手に挑戦するのは大変だけど、うまくなりたいんでしょう!?と言うと、ハ～ッとため息ついていました。最近は回数は多いのですが、パニック自体は小～中程度で大きいものはなくなりました。

実際に使った登校支援シート
（家庭と学校の連携用）

を「その気にさせる」のが、大人（親や教師）の仕事じゃないですか。それは本当にすばらしい仕事だと感じています。

子どもたちから「その気にさせられている」と言い換えることもできますね。

2
暴力少年から正義の学級委員長へ

レンくんの話

レンくんは、とても愛嬌があって可愛いらしい男の子です。学校の担任の先生からの評価も高く、レンくんのお母さんから聞いた3歳の頃——私のところに教育相談を受けに来た頃——の様子が担任にはとても信じられないようでした。

レンくんがお母さんとおじいさんに連れられて、私のところに初めて来た日、それはもう暴れ放題と言いますか、騒ぎ放題、走り回り放題といった感じでした。「○○やって！」とか「いや！」などの要求語が出ていましたが、あまりにも情緒のコントロールができていないため、ギャーギャー騒いで要求をかなえてもらうようなところがありました。お母さんもおじいさんも、どう接したらいいのか分からず、疲れ果てていました。

その暴れっぷりたるや、

「この叫び方は、怪獣のようですねぇ」

と私が言えば、まったく同感とばかりにお母さんとおじいさんも深く頷《うなず》くほど。

「こういう暴力って、直るんでしょうか?」と、お母さん。

私は、

「絶対に直ります。ただし、強烈な、怒濤《どとう》のような介入をしないとだめです。この介入で子どもは絶対に泣きます。というか、泣いてもやります。それが途中からかわいそうと思うような親や祖父母なら、直しようがありません」

と、伝えました。

お母さんとおじいさんの覚悟のほどをお聞きし、暴力に対する具体的な対策を提案しました。

「今日、この場であったらどうします?」と問いかけると、

「ぜひ、見本を見せてください」

ということでした。

相談時間は残り15分程度。泣きっぱなしで終わる可能性もありますが、保護者の覚

悟のほどは明らかだったので、思い切って介入を実施することにしました。

怒濤のごとく

さっそく、そのタイミングが訪れました。

レンくんがおもちゃを要求して、それがないことが分かると、お母さんの胸をパシッと叩きました。私は、お母さんとおじいさんの見ている前で、その瞬間、「怒濤のごとく」になりました。こうやって、文字で書くと読者はいろんな想像をしてしまうことでしょう。

「怒濤のごとく」と言っても、大声で怒鳴っていませんし、ましてや叩くようなこともしていません。むしろ、何も言わずに合気道の師範よろしく、一瞬のうちに廊下の壁際にレンくんが連れて行かれるような方法です（タイムアウトという方法なのですが、決して想像だけで真似をせず、専門家の指導を受けてください。詳しくは299頁参照）。

そのような対応をされたことがないので、当然ギャーギャー泣くわけですが、壁を背に泣いているレンくんに対して密着しながら、

「どーしたん？　そうかぁ、ママを叩いてしまったんだぁ」

と、その状態とは程遠いほど甘い口調で声かけします。

この状態のまま、お母さんとおじいさんに、「ここで解放したら、またお母さんを叩きに行くかもしれません。そうしたら、また同じようにやり直しますので」と言っておきました。案の定、解放した途端、泣きながらお母さんを叩きに行くレンくん。またその瞬間、私は先ほどとまったく同じレベルで一瞬のうちに、同じ状態に仕上げました。

「ほらねっ」

私の言った通りの展開になっていることを伝え、またまたレンくんを廊下の壁際に密着させながら、お母さんとおじいさんに説明です。

「もう1回くらい、叩くかな。これで叩かなくなる子もいます。次、叩かなかったら、わざとお母さんを叩かせてみますね。それで、叩いてしまったら、もう一丁行きますよ」

レンくんを解放すると、すぐに泣きながら母親の近くに行きましたが、今度は叩こうとしません。しつこく泣きわめいているのですが、どうやら我慢しているようにも見えます。お母さんは、この様子に、

「こんな状態なら普段なら絶対に叩くか髪を引っ張るかしてくるんですけど」

と、驚いています。

そこで、約束通りの次のステップです。

私が、

「レンくん、お母さんを叩いてみたら〜？」

と、そそのかし。

かわいそうに、レンくんは「え？　いいの？」という怪訝《けげん》そうな顔をしながら、お母さんを軽くペシッと叩いてしまいました。

その瞬間、私は瞬時に合気道の師範に戻ります。

「あらぁ、お母さんを叩いちゃったのねぇ、叩かないほうがいいと思うけどなぁ」

まだまだ落とし穴に落ちてしまうレンくんでした。

また、この状態でお母さんに「ここまで予想通りに展開しているでしょ」と伝え、「次は多分、レンくんならもう叩かないと思いますよ。万一、叩いたらまたやりますけどね」と説明しました。

解放後。レンくんはグスグス泣きながらお母さんの近くに寄ってくるのですが、叩きません。

ここで本日、2回目の「そそのかしタイム」です。

「レンくん、お母さんを叩いてみる～？」

首を横に振るレンくん。

私はレンくんに近づいて、その腕を取り、

「ほれ、お母さんをさっきみたいに叩いちゃえ！」

とけしかけます。すると、

「やだー！　たたかないー!!」

と、渾身の力でお母さんから後ずさりしようと必死。

「じゃあ、先生がお母さんを叩いてしまおうかなー」

と、お母さんを叩く真似をして近づくと、

「やめてー！　たたかないー！」

と、今度は私の腕を引っ張るわけです。

「じゃあ、おじいちゃんを叩こうっと！」

レンくんは、私の腕を引っ張って必死で阻止します。

「うん、分かった。せやなあ。叩かないほうがええよな。じゃあ、泣きやんで。んで、仲良しの握手をしよう」

などと、ワケの分からんことを適当に言って、握手して終わりました。ここまでちょうど15分でした。

どんな激しい暴力も、幼いうちに手を打てば必ず直る

お母さんとおじいさんは、後から聞いた話によると、決して、かわいそうにとは思わなかったそうです。まあ、そういう保護者だから私も合気道の師範みたいになったわけですが。

とにかく、この日は次回までに暴力の記録を取ることと、同じ対応をしていくということを伝えて終わりました。

その次にお会いしたとき、レンくんは、「借りてきた猫」のように別人のおとなしさで、相談室に入ってきました。

私は言いました。

「レンくん、こんにちは！　今日はお菓子を食べる記念日です」

上目遣いなレンくん。私とお母さんがお話をしているときは、前回とは打って変わっ

て静かにひとりで遊んでいました。

「いい子になったねえ！　うまくいった？」

お母さんが答えてくれました。

「あれから激減したんです。1日100回以上、叩いたり蹴ったりしていたのに、ゼロの日が続いてるんですよ。でも、先日、1回だけありました。先生の言われた通り、なるべく先生がやったのに近づけるように、私がやってみました」

「泣いた？　泣くまでやった？」

「もちろん泣きました。で、放してあげた後、『ほら、もう1回、叩きなさいよ』っていうのもやってみました。そしたら、首を横に振るんです。それから、うちでも暴力ゼロが続いています」

どんな激しい暴力でも、年齢が幼いうちに介入すれば、必ず直ります。

レンくんに限らず、こんな事例は山ほどあります。初診でやってくる子どもさんの9割近くが、暴力の問題を抱えていますが、3歳から4歳までの間であれば、非常に容易に直せます。

私は普段から、「8歳を過ぎても他者への攻撃を許し続けると将来ろくなことはない」と、どの親御さんにも伝えています。場合によっては、福祉施設への入所や精神病院への入院治療すら必要であると、厳しい助言をしています。

そうなってしまうのを防ぐ第1段階として、4歳前までに自分より身体の大きい相手（両親、兄や姉、先生など）への攻撃をコントロールしておくと、8歳になるまでの4年間、親子ともにかなり楽になります。3歳前からその指導を開始し、4歳までに攻撃行動をゼロにしておくことを、私の支援では当然のこととしています。これは、たとえ子どもさんが無発語であろうと、知的機能に遅れのない子どもさんであろうと、必ず成し遂げていることです。

ただし、こういう書物を読んだだけでこうした対応を真似してもらいたくありません。親も指導者も、監督者が必要だということです。

他の子を注意しすぎる癖をどうする？

レンくんですが、4歳以降、暴力はゼロ。どころか、幼稚園でトップクラスの安定している子と言われるまでになりました。

小学校入学前にはすでに全体的な知的機能は遅れのない水準まで達していましたが、

学習能力にアンバランスなところがあるため、親御さんの判断で通常学級には入らず、特別支援学級を選ぶことになりました。

小学校に入っても穏やかな子として見られています。むしろ、穏やかすぎるので、ケンカの仕方を教えないといけないほどになりました。クラスメイトで同じ学年の子に乱暴な子がいて、叩かれても叩き返さないくらいです。頭を叩いてきた子に対して、自分の頭を指さし、

「ここはものを考える大事なところだから、叩いちゃだめなんだよ。ごめんねだよ」

と、教え諭《さと》すような非暴力主義者。

私は、「そんなときは、一発くらい殴り返せ！」と言っているのですが。お母さんも「少しくらいは反撃してもいいとは思いますが、ひどかった昔を思えば、暴力を振るわないほうが安心です」という考えでした。

さらに時は流れ、小学5年生になったレンくん。この学年から通常学級に在籍することになりました。担任はまさか4歳前まで、暴力しまくりの怪獣のような状態だったとは、当然ながら知りませんでした。

この担任が何も知らず、レンくんのことをこのように評価してくれました。

「レンくんは、ちょっと正義感が強すぎるところがあるんですよね。友達に、『ちゃんとしなよ』『そんなこと言っちゃやだめだよ』とか、しょっちゅうこんな感じで注意するんです。でも、レンくんができていないこともあるんですけどね」

お母さんは、担任にこのように指摘されたことを教えてくれました。

このような状態は、アスペルガーや一部の発達障害の子によく見られる特徴でもあります。担任の言う通り、「正義感」が強い子が多いのです。普段から他人を注意する人というのはつらいものです。自分が失敗したときに、「いつも偉そうに言ってるくせに！」と言われがちだからです。

担任とお母さんは、強すぎる正義感をもう少し減らすか、他人の行為にあまり執着しないようになってくれたら、と考えたようです。

私が助言したことは、こうです。

「強すぎる正義感を何とかするとか、他人のことに執着しないようにという考え方は、間違いでもありませんよ。クラスメイトにキツい奴がいたら、いじめられる要因にもなりますしね。ただ、これはなかなか難しい問題です。私としては、あえて逆の発想を提案したいと思います。むしろ、正義感を活かしていけばいいという発想です。学級委員長にするとか。風紀委員にするとか」

この逆転の発想が実現しました。小学6年生になったとき、誰もやりたがらない学級委員長をレンくんがやることになったのです。

お母さんは少し心配していましたが、見事に「口やかましい委員長」になったとのことでした。トラブルもそれなりにありますが、それらのトラブルは障害があるとかないとかにかかわらず生じるものばかりでした。

私自身、実は「口やかましい委員長」みたいなタイプは苦手なのです。年齢や立場など関係なく、融通が利いて冗談も通じ合えるような関係が大好きだからです。

そのうち、教育相談とかでわざと変なことをしてみようと思っています。

「奥田先生、ちゃんとしてくださいよ！」

などと、長い付き合いの教え子に注意されることは、もしかしたら最高の喜びなのかもしれません。

3 修学旅行大作戦！

メイちゃんの話

メイちゃんは小学5年生の女の子です。小学校入学直前に、アスペルガー症候群の診断を受けていました。学校に入ってからは、通常学級に在籍しながら週1日は近隣の小学校の通級学級（通常学級に在籍していながら受けられる個別的な特別支援）を利用していました。

ご両親ともに教育熱心でしたし、学校での特別支援教育の取り組みにも積極的な姿勢を見せていました。ある日、ちょっとしたことで「情緒不安定」になることを心配し、そのことを私に相談してきました。

お母さんは、メイちゃんが「情緒不安定になってしまうことが多くて、どういうふうに接すればいいのか考えてしまうんです」と言います。

私からすれば、「情緒不安定」という言葉だけ聞いても、何のことやら分かりませんので、もう少し詳しい情報を聞いてみることにしました。すると……作文など自由に表現する課題が出ると、どうしたらいい分からず固まってしまう。担任の先生から作業を進めるよう促されると、泣き崩れて保健室に閉じこもったり、家に帰っても担任の先生への不満を言う……こんな状況で不穏な状態になることが分かったのですが、これでもまだ足りません。もう少し、詳しく聞いてみました。

「家で不満をぶちまけるとき、お母さんに聞いてほしそうにしていますか？　それとも、ひとりでぶつぶつ言っている感じですか？」

お母さんの説明から推測できたことは、どうもお母さんに不満を聞いてもらうことがメイちゃんの一番の目的になっているのではないかということです。もちろん、作文などの苦手な課題をやらされるのが嫌なのは間違いないのですが、メイちゃんが「嫌だ」「不安だ」と感じたときに、その気持を「お母さんに聞いてもらいたい」気持ちが一番のようなのです。

というのも、泣き崩れて保健室に行ったときも、メイちゃんは「お母さんに電話してください」といつも先生にお願いしていたというので、私は余計にそう考えたわけです。

ただ、お母さんもしっかりした母親で、学校側には「たとえ本人が母に電話してと言っても、お母さんは仕事中だからと言って放課後まで過ごさせてください」と言っていました。

私がメイちゃんを小さい頃から見ているのもあって、私の考えをお母さんが自然に身に付けていたようです。お母さんの携帯電話に電話をかけるのは簡単です。でも、急病や事故でもない限り、放課後まで過ごさせるという「家で決めたルール」を守り続けることになりました。

おかげで、メイちゃんはたまに登校をしぶることはあっても、一度も不登校になったことはありません。

また、家や学校はこのルールに一度も例外を認めることがなかったため、多少ぐずったり家に帰って文句を言ったりすることはあっても、お母さんが話をしっかり聞いてあげれば、落ち着いて過ごせるようになってきました。

堂々の「修学旅行お休み宣言」！

ところが、今度ばかりは作文や製作課題とは比べものにならないほどの、メイちゃんにとって厳しい試練がやってきました。

小学6年生になったら修学旅行に行かなければならないということです。

メイちゃんにとって、それは楽しみではなく、大きな、大きな苦痛と不安が伴うものだったのです。

今まで、学校や地域の行事で宿泊を伴うものは母親同伴でした。6年生まで、一度も不登校になったことはありませんが、ひとりで宿泊するという経験はさせたことがないというのです。厳密に言えば、ひとりで宿泊する経験というより、母親と離れて他所で宿泊する経験が、メイちゃんにはありませんでした。

「今まで、一度もお泊まりとかしたことがないんですか？　おじいちゃんの家に預けるとかすら、なかったんですか？」

と、聞いてみると、

「そういえば、一度もないです」

とお母さん。

私も少し反省しました。年中さんの頃から定期的にお会いしている親子なので、「たまには、別宅で寝泊まりの経験もさせてあげたほうがいいですよ」としっかりアドバイスしておけばよかったのです。

メイちゃん家は、旅行やキャンプによく行く家族でしたが、考えてみればこれらは「家族一緒に宿泊」でした。修学旅行のように、「家族と離れて宿泊」は初めての体験になるわけです。

それが、6年生になって、メイちゃんの最初の悩みにつながってしまいました。

「修学旅行に行きたくない」

「お母さんも一緒に来てほしい」

「（担任の）先生はひとりで大丈夫だからと言っている」

「お母さんが一緒じゃなかったら、絶対、行きたくない」

堂々の「修学旅行お休み宣言」です。

お母さんは、「不安かもしれないけど、私の同伴なしに行かせてみたい」とのこと。でも、お母さんの同伴なしでは修学旅行を休んでしまう可能性も感じられるほど、今回のメイちゃんの拒否は強固なものでした。お母さんも、「修学旅行を休んでしまうくらいなら、学校と相談して、私も隣のホテルに泊まるなどしたほうがいいのでしょうか？」と、今回ばかりは自信がなさそうです。

私は、「半年しかないけれども、『修学旅行大作戦』をやりますか！」と、お母さんに提案しました。

「どうしてもうまくいかない場合は、お母さんが隣のホテル泊でもいいじゃないですか。ダメもとでやりましょうよ」

お母さんも、やるだけのことはやってみようということで、私の「修学旅行大作戦」の中身を聞いてくれました。

未経験のことを、ひとつずつ

まずは、メイちゃんの経験不足に伴う「不安」な状況を、ピックアップしてみました。すると、宿泊以外でも「母親同伴でないと不安」な場面はいろいろあることが分かりました。

たとえば、「ひとりでお留守番」については問題がないけれども、「ひとりで近くの本屋さんに買い物に行くこと」は未経験、「ひとりで遠くのデパートに行くこと」も未経験、「母親が不在で、自宅で寝ること」も未経験、「市内にある母方の祖母宅で

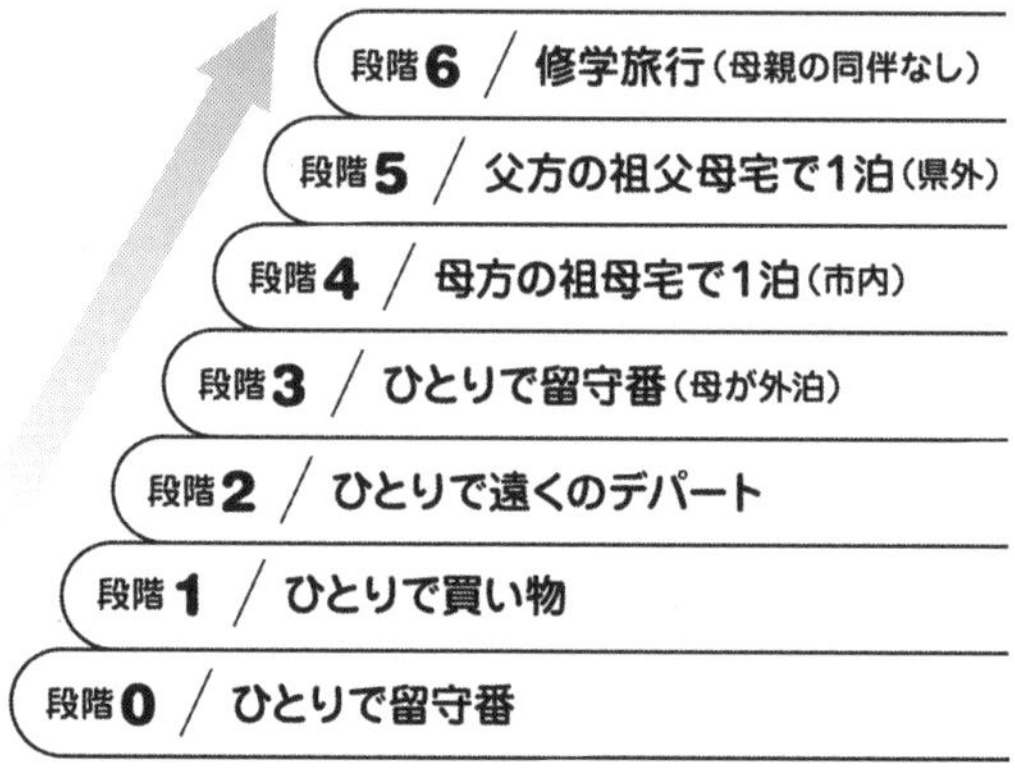

段階6	修学旅行（母親の同伴なし）
段階5	父方の祖父母宅で1泊（県外）
段階4	母方の祖母宅で1泊（市内）
段階3	ひとりで留守番（母が外泊）
段階2	ひとりで遠くのデパート
段階1	ひとりで買い物
段階0	ひとりで留守番

メイちゃんの「修学旅行大作戦」スモールステップ

寝泊まりすること」も未経験、「新幹線で1時間移動した祖父母宅で寝泊まりすること」も未経験。

このように、「母と一緒なら経験しているが、母親不在で未経験のこと」を、お母さんの話を聞きつつ、ピックアップしていきました。

それを参考に、私が作成した「修学旅行大作戦」のスモールステップ表は、上のようになりました。

段階0は、「修学旅行大作戦」を始める前にクリアしていたので、「ひとりで買い物」を段階1とし、そこからスタートすることにしました。

その前に、こんなことをお母さんにお話

し、納得していただきました。

「今まで、学校で不安だからといってお母さんへの電話に取り合わなかったことは、それで正解なのですが、今回の作戦では違いますよ。

不安なことをあえてやらせるわけですし、実際に出先から親に電話するのは悪いことではありませんので、やらせましょう」

さて、段階1は、いつもの本屋さんに買い物に行くことです。家からは徒歩5分程度の距離。メイちゃんと約束したのは、「本屋さんに着いたら、公衆電話から母親の携帯に一度電話すること」です。

一度だけ、私と現地で練習してみたところ問題なくできたので、しばらくこれを家で練習してもらうことにしました。約束通りできれば、本屋さんで好きな漫画を1冊買って来られることもあって、段階1はほどなくしてクリアできました。

続いて、段階2です。メイちゃんの足で徒歩15分はかかるデパートに、ひとりで行かなくてはいけません。この段階から、「お母さんと話したくなったら公衆電話からいつでも電話できること」としました。自宅からデパートまでの道には、公衆電話が2か所。また、デパートの中にもありました。

この段階2で、メイちゃんと約束したのは、「デパートに着いたら、お母さんの携帯に一度電話すること」です。そして、「でも、途中でお母さんに電話したくなったら、途中の公衆電話からでも電話していいよ」と伝えました。

これも一度だけ、私と現地で練習してみました。私との練習のときには、問題なくできます。自宅ではそれほど練習機会がなかったようで、この段階2は少し時間がかかりましたが、それでも、しばらくしてクリアできました。

次の段階3は、段階2と比べると質的にも異なるステップで、「思い切り」が必要でした。いきなり、メイちゃんに他所《よそ》での寝泊まりを求めるのではなく、メイちゃんは自宅でお父さんと弟と3人で過ごすけれども、母親が祖母の家で1泊するというステップです。自宅ではありますが、母親がいない。母親はいないけれど、自宅ではある。こういう状況を設定したわけです（結果的に、この段階3はやっておいてよかったステップだと思います）。

メイちゃんの就寝2時間ほど前に、お母さんにはメイちゃんに電話をしてあげて、1時間ほど長電話するようお願いしました。翌日、お母さんはメイちゃんにお土産を買って帰ってきてくれました。もちろん、たくさん褒《ほ》めてあげました。

いよいよ、段階4です。メイちゃんにとっては、初めて他所で母親の同伴なしに寝泊まりするときが来ました。

この頃、すでに「出先で気分がすぐれないときには母親に電話するのもいいこと」というのが習慣になっていたため、私やお母さんが心配していたほど不安にならず、母方の祖母宅で1泊して帰ってくることができました。もちろん、夜にはお母さんと電話でお話ししたそうですが、お母さんいわく「明るい声の様子で大丈夫かな、と思いました」ということで、これもクリアしました。

こうなると、「修学旅行大作戦」を作成した頃には、かなり困難なステップだろうと思っていた、段階5の「父方の祖父母宅で1泊」についても、メイちゃんにとっては、もはやそれほど困難なステップではありませんでした。機嫌よく、電話でお母さんとお話しし、翌日には元気に帰ってきたそうです。

トランプとウノも練習――準備は万全！

残すところは、本番の修学旅行のみ。

お母さんが、

「お母さん、一緒に行ったほうがいい？」

と聞くと、メイちゃんは、

「私、ひとりで修学旅行に行けるよ」

と答えました。

この頃、私も来談したメイちゃんと話しました。

「奥田先生はなあ、小学校のときのキャンプは腹痛で休んでしまったし、修学旅行は風邪をひいて行けなかってんでー（悲）」と寂しげに本当のことを話すと、

「そうですか」

と、ひと言。

その他、「修学旅行大作戦」では、トランプゲームやウノなどのゲーム遊びがあるかもしれないので、これらを復習っぽく遊ぶというミッションもこなしてもらいました（トランプやウノは3、4年前から取り入れていたので普通にできていました）。他にも学校で流行っている遊びの練習も、お母さんと一緒にやっておきました。

学校側には、お母さんを通してこれまでの経緯を説明してもらい、修学旅行で行く先々にある公衆電話から、メイちゃんが母親に電話したいときにしてもいいと了解し

てもらえました。

とうとう、その日がやってきた

さて、とうとう、その日がやってきました。最終段階の修学旅行本番です。メイちゃんは、いつもより緊張した表情をしていたそうですが、「行ってきます」と言って見送りのお母さんに挨拶して旅立ちました。

最初のサービスエリアから、さっそくお母さんの携帯電話に電話をかけてきました。バスの中でのトラブルについての不満を話したようですが、お母さんと先生の励ましによって、そのまま現地まで行けました。

到着した時間にも電話がない、夜になっても、電話がない……お母さんは逆に少し心配だったようですが、気を利かせてくれた担任の先生がメイちゃんの自宅に電話してくださり、お母さんに「心配しなくても大丈夫そうですよ」と報告してくれました。

翌日、メイちゃんからお母さんに電話がありました。「面白くなかったからすぐに寝た」と言ったそうです。

その後、何事もなく無事、メイちゃんはみんなと一緒に帰ってきました。担任の先生が撮ってくれたデジカメの写真を見ると、遊園地の乗り物で楽しそうにしている笑顔のメイちゃんの姿もあり、ご機嫌で帰宅したそうです。お母さんと、お父さんと、弟と自分にお土産も買ってきていました。

お母さんからは、

「おかげさまで、無事、修学旅行から笑顔で帰ってくることができました!」と、メールが届きました。

1か月後、メイちゃんがお母さんと一緒に来談しました。

「お土産です、奥田先生に」

私にとっては、半年がかりの「修学旅行大作戦」がうまくいったことだけでも十分だったのですが、メイちゃんが旅先でお菓子を買ってきてくれるなんて大感激でした。

「メイちゃん、覚えていてくれたんや! ありがとう!」

MAGIC HOUSE
SUVEN
SUVENIR

4 読字困難は笑って克服

ユマくんの話

ユマくんは小学2年生の男の子です。対人関係が苦手で、アスペルガー症候群と診断を受けていましたが、小学校入学後、それに加えて読字困難があるということに気が付きました。

別の病院では学習障害の中のディスレクシア（読字障害）という診断も出ました。

特に、ユマくん自身が困っている問題は、国語の時間などで教科書をひとりずつ順番に音読する場面です。

「うまく読めない」

「格好悪い」

このように考えるだけで、緊張して余計にうまく読めないのです。クラスメイトも結構厳しくて、ちょっとした読み間違いを細かく指摘したり笑ったりする子もいます。担任の先生は、その都度かばってくれるのですが、クラスメイトのちょっとしたひと言のほうが、ズシンと響くのでしょう。

「教科書を読みたくないから、国語は休みたい」

国語の時間を嫌がるようになってしまったユマくんは、ある日、お母さんにそう告げました。お母さんは、大体のことは分かっているので、ユマくんを責めたりはしませんでした。代わりに、担任の先生と話し合い、学校での様子について情報を集めました。

その後、お母さんが私に相談を持ちかけてきたのですが、その頃にはすでにユマくん本人も字を読むことにすっかり自信を失っていたのです。

お母さんの希望としては、国語が苦手だからといって学校を休ませるわけにはいかないし、できれば国語の時間も教室で過ごせるほうがよいとのことでした。

会話はできるけど読めない……担任の先生もお手上げ

私のところに相談に来る前、すでにお母さんは連絡帳を使って担任の先生に要望をしていました。

A先生へ

いつもユマがお世話になっています。前回、A先生から国語の授業の様子をお知らせいただいてから、ちょっと私も考えてみました。読むことを克服できるようにしたいと思う気持ちもあるのですが、ちょっと苦手だからといって学校に行きたくないとか、国語を休みたいとまで言い出す状況ですので、国語の本読みを無理させないようにお願いできませんでしょうか。ほかに家でもできそうなことがありましたら、教えてください。

担任の先生からの返事は、こうでした。

お母さんへ
ユマ君の読みの克服について気を付けてみます。しかし、順番に読んでいるのをユマ君だけ飛ばすわけにもいきません。家では無理をさせず、去年使った教科書などを練習するような工夫があってもよいかもしれません。成長を期待して待つことを基本に、これからも見守っていきましょう。お母さんのほうでも、何かいいアイデアがありましたらお知らせください。

お母さんに言わせれば、担任の先生は協力的ではあるけれども、あたかも「普通学級ではこれ以上のことはできません」と言われているような印象を受けたそうです。
相談に来た日、実際どのような状況なのか、ユマくんに教科書を読んでもらいました。すでに終わっているはずの1年生の教科書から、簡単な文章を読んでもらいましたが、確かに相当手こずっているようす。

それに、最初から明らかに嫌そうに読んでいます。会話をする分には、普通によどみなくできるのですが、読むときだけたどたどしい拾い読みになり、読み間違いも多々見られます。また、緊張しているので、つっかえ気味になっていました。

ユマくんの大体の状態が分かったので、自宅でどんな取り組みをしているのか聞いてみました。お母さんによると、自宅では「1学年下の1年生の国語の教科書を使ったり、幼稚園児向きの絵本を読ませたりしています」とのこと。私が、「喜んで取り組んでいないんじゃないですか？」と聞くと、その通りだということでした。

「こりゃ、いかんな」と思いました。

ユマくん自身も読むことが苦手だと分かっているのです。友だちに笑われたり、先生から修正を受けたりし続けているため、余計に緊張してうまく読めなくなっているのかもしれません。

これだけでも悪循環があるわけです。

ここに、さらにユマくんだけ1学年下の簡単な課題にしたとしても、それだけで他に何の工夫もなければ、余計に失敗して恥ずかしいという気持ちにもなるでしょう。
さらなる悪循環が待ち受けているのです。

「好きなもの」を使って「嫌いなもの」を好きにさせる

悪循環は断ち切るしかない。そして、悪循環を断ち切るのは早いほうがいいに決まっています。

そのためには、何をやってもいいのです。

私が提供した方法を紹介する前に、その原理原則を書いておく必要があるでしょう。

それは、ユマくんについては「読みを楽しいと思わせること」を目標とする。

これに尽きます。

この原理原則をお母さんに伝えても、それは分かってもらえるのですが、方法論となるとアイデアが浮かばないそうです。

私は自由帳に即興で次のような文章を縦書きで書きました。

ほくとのけんは、さいきょうだー。
ケンシロウ　と、ユリアさんの、たび。
ケンオウは、でかすぎるぞ。
なんとすいちょうけんの、レイは、みずいろの　ふくを　きている。
ほくとひゃくれつけんの　いそがしさ。
おくだせんせいは　ジャギには　かてるかも。
やっぱり　まけるかも。
リンとバットが、「ケーン」って　さけぶかも。
こくおうに　のってみた　ユマくん、すげー。
「ひでぶー」という、わるいやつら。

このような短い10の文章を作成し、それをユマくんに読ませるという課題です。なつかしのアニメ『北斗の拳』を題材にした私の即興で、教科書は使いません。この文章を作る前に、お母さんからユマくんの大好きなことを聞いていました。

一度に、10の文章を見せると、文字がたくさんあって嫌な気分になるので、ノートで残りの文章を隠しながらひとつずつ、ユマくんに読んでもらいます。

読む前は、「またかよ……」と嫌な顔をしていましたが、少し読んでみると（ヤケクソ気味ではありましたが）、ユマくんはすぐに「ニヤリ」と笑顔を見せました。

読み間違いもありますが、それに自分で気が付いて読み直すし、気が付かなかったときに正しい読みのモデルを聞かせても、教科書を読むときのように嫌がる様子はありません。

1文読むたびに、私も「おっ、上手に読めたね、『ほくとひゃくれつけんの いそがしさ』やね」と正しいモデルも聞かせます。そこから会話に展開するのですが、私もお付き合いしました。

「ほくとひゃくれつけんって、すごい早さでアタタタタタターってやるんだよね」

と、笑顔で聞いてくるユマくん。私も、

「せやね、すごいカロリーを消費してるやろねえ、ほくとひゃくれつけんで肩たたきしてもらうと気持ちええかもなあ」

などと答えます。

ユマくんは上機嫌。

「そんなんしたら、奥田先生がヒデブーになってしまうかも」

「ああ、1回ヒデブーになってみたいね、じゃあ、そしたら次の読んで！」という感じで、読みの課題がとにかく楽しい時間になりました。その日、お母さんは呆気にとられていたようですが、お礼と報告のメールが来ました。

奥田先生、こんばんは。今日はユマのご指導、ありがとうございました。私の単純な発想では、読めないなら年齢を下げてということしか思い浮かばなかったのですが、今日の先生の指導方法には、まさに目からウロコ状態です。読む課題で、あんなにニコニコ取り組んでいるユマの姿は、今まで見たことがありません。本当に楽しかったようで、帰りの電車の中でもずっと奥田先生と北斗の拳のおかしな話をしたことを言っていました。また次回もよろしくお願いいたします。

ユマ母より

「読ませよう」ではなく、「読みたくなる」ように

ネタ集めは、それなりに苦労するものなのですが、お母さんにはユマくんがそのときに「はまっている物」についての絵本なり図鑑なりを持ってきてもらうことにしました。

たとえば、次の機会のそれは『北斗の拳』プラス人気アニメの『ムシキング』でした。

トキにいさんの　やさしさで　ぴょうにんが　げんきに。
やまのフドーも　やさしくて　ちからづよい。
ところで、ムシキングの　ことも　べんきょうしましょうよ。
コーカサスオオカブトは、けんかが　だいすき。
せかいいち　おおきなクワガタは　ギラファノコギリクワガタ。
おくだせんせいは　ミヤマクワガタに　はさまれたこともあるんだ。

この日もユマくんは上機嫌で、読みの課題に取り組んでくれました。数ある課題の

中で、この読みの時間が一番のお気に入りだとか。

その後、学校でも、かなり自信をもって読めるようになってきたそうなのです。毎回、『北斗の拳』や『ムシキング』『ポケットモンスター』ばかりでは、教科書の読みがすぐにうまくなることはないだろうと思っていましたが、予想に反して、一生懸命に読むようになったというのです。

どんな子どもにも万能という方法があるわけではないのですが、ユマくんにとっては「自信」をつけること、読みを「楽しい」と思えることが大切だったと言えるでしょう。同じ年齢の他の子どもと比べると、明らかに読みの困難を抱えてはいますが、「国語は休みたい」とか「学校に行きたくない」と弱音を吐くことはなくなりました。

お母さんによると、

「家でも、よく本や図鑑を読むようになりました。今までは絵ばっかり見ている感じだったのですが、読めないところがあればユマから聞きに来てくれます」

ということでしたので、大成功と言えるでしょう。

私はこんな方法を、「読み困難」の子どもだけでなく、「書き困難」な子どもにも使っています。ただの教科書のまる写しでは、だいたい嫌になってしまうものです。そんな子どもさんの場合、その子どもの「好きなネタ」「思わず笑ってしまうテーマやフレーズ」からスタートします。パソコンの文字入力も、面白くない文章を入力するよりも、子どもの好きなキャラクター図鑑から、キャラクターの名前を順番に入力していくように課題を設定しています。

繰り返しますが、読み書きについては、悪循環があるならそれをできるだけ早く断ち切ること、そして原理原則としては「読み書きを楽しいと思わせること」がポイントになります。「読ませよう」「書かせよう」という考え方ではなくて、「読みたくなる」「書きたくなる」ように持っていくのが大切なのです。

ある日、ユマくんはニヤニヤしながら私に言いました。

「奥田先生の作った話は、ちょっと変です」

私は心の中で「そのちょっと変っちゅうのが、面白くさせる秘訣なんやって！」とつぶやきつつ、「そうかなあ、めっちゃオモロイはずなんやけどなあ」などと答えました。

5 自己主張を練習する

ナナくんの話

年長児のナナくん。5歳前に児童精神科で「アスペルガー障害の疑いがあります」と告げられました。お父さんはそれを受け入れることができませんでしたが、お母さんは病院や心理相談室でもらった冊子や本などを見て、ナナくんの特徴がすべて当てはまると思い、専門的な相談を受けたいと願っていました。

お母さんの心配事は「友達との関係がうまくいかないこと」でしたが、病院の心理士や言語聴覚士らに相談しても、言葉の課題を教えてくれるばかり。友達付き合いについての具体的な答えは返ってこなかったそうです。

5歳を過ぎて私のところに来たとき、ナナくんにはすでにある程度の会話能力はありました。ただし、自分の興味のある話ばかりする子でした。パッと見ると多弁なのでコミュニケーションにあまり問題がないようにも見えますが、こちらからの質問にうまく答えるのは苦手でした。また、会話だけでなく自分のペースで遊ぶばかりで、こちらのペースに合わせるのも苦手でした。

「ナナくんは、自己主張が苦手ですね」

私はお母さんにそうお話ししてみました。

「会話はできるほうだと思うのですが」と戸惑うお母さんに、私は伝えました。

「いや、それは対大人の場合でしょう。大人の場合、相手が子どもだと知っているから、子どもに合わせて会話を成立させているわけです。でも、子ども同士の会話になるとそうはいきませんよ。子どもの会話って、相手も一方的に話しますからね」

実際、幼稚園ではどんな様子なのか聞くと、やはり友達としばらく遊ぶことはできるけど長続きしないとのことでした。どちらかというと最後にはナナくんが付いていけなくなるとのことです。

「そういうのって直るんでしょうか？」と不安げに聞いてくるお母さんに、「もちろん直ります。今日これからの10分くらいだけでも『いける』ってのをお見せできますよ」と答え、さらに次のような説明をしました。

「これからちょっと意地悪な会話を続けますね。私の会話の仕方は多少強引な感じがすると思いますけど、それもナナくんが私の質問に答えられるようにするためですから。さらに、ナナくんが私に質問できるようにもします。そして、一番のねらいは『自己主張できるようになること』です。途中から意地悪をしまくりますが、うまくプロンプトしていくので見ててください」

プロンプトとは、望ましい行動ができるように、ほんの少し手助けする技法のことです。いろいろな方法がありますが、当然、子どもやその行動の特徴に合わせてアレンジします。

会話ができるようになるプロンプトカード

最初にやったのは「好きなものについての会話」というプログラムです。

このプログラムでは、交代交代で相手の好きなものについて質問し、応答するだけなのですが、うまく質問者と応答者の役割交代ができなければなりません。こうした課題を通して、質問ばかりしてくる子どもに応答の仕方を教えることができます。

逆に、質問に答えさせる訓練ばかり受けてきた子どもに対して、子どもが質問者になる練習にもなります。つまり、このプログラム自体が質問応答コミュニケーションの、ひとつの「バランス」を持たせる指導になっているのです。私はこのプログラムにさまざまな発展型を盛り込んでいます。

「ナナくんの好きな動物は何ですか？」

「アザラシ」

質問の答えは記録ノートに記入していきます。

ナナくんが質問に答えるのは簡単です。ところが、ナナくんから私へは質問してくれません。何気なく、私が自分自身のことを指さしたり、記録ノートの空欄を指さしたりして「先生のも聞いてよ」的なサインを送りますが、それでも何も言ってくれません。

仕方がないので、紙に質問プロンプトカードを作成しました。

おくだせんせい　の　すきな　□　は　なんですか？

質問プロンプトカード

この質問プロンプトカードを指さしし、読むように促すと、

「おくだせんせいの　すきな　どうぶつ　は　なんですか？」

と棒読み。そこで、質問らしくなるようにもう一度言ってもらってから、

「ああ、先生の好きな動物ね。えーっと、カピバラです」と答えました。

2つ目、3つ目と質問は続きます。

「好きなくだもの」「好きな乗り物」という感じです。

ナナくんの質問は、最初たどたどしかったのですが、少しずつ上手になったので、4つ目の質問からは質問プロンプトカードは机上に伏せてやりとりしました。

ときどき、質問の仕方を忘れるので、質問プロンプトカードを「ちら見」させていきます。ほぼパーフェクトになってから、机上に伏せてある質問プロンプトカードを撤去しました。

とうとう、プロンプトカードがなくても、ナナくんは上手に質問できるようになりました。しかも、かなり自信を持って質問してきます。

また、ナナくんの答えがややマニアックかつスペシャルな感じなので（たとえば、好きなくだものは「ドリアン」、好きな乗り物は「ユンボー（ショベルカーの業界用語）」、好きな外国は「ツ

バル」、好きな寿司ネタは「カリフォルニアロール」etc.)、私も負けずにスペシャル路線で対抗しました（くだもの「スナックパイン」、乗り物「ボーイング777-300」、外国「リヒテンシュタイン」、寿司ネタ「トロ三種盛」）。別の意味で、ナナくんとふたりで盛り上がっていきました。

	ナナくん	おくだせんせい
すきなどうぶつ	アザラシ	カピバラ
すきなくだもの	ドリアン	スナックパイン
すきなのりもの	ユンボー	ボーイング777-300
すきながいこく	ツバル	リヒテンシュタイン
すきなすしねた	カリフォルニアロール	トロ3しゅもり
すきなのみもの	なっちゃん白いグレープ	ペリエライム
すきなおかし	コパン	すっぱムーチョ
すきなさかな	とびうお	たちうお

「好きなものについての会話」で用いる記録ノート

恒例の「意地悪タイム」がスタート

1か月後、また同じプログラムをやりました。1回目だけ、質問の仕方を忘れていましたが、少しプロンプトしただけで2回目以降はバッチリでした。

ここでいよいよ私の意地悪タイムがスタート。1話目に出たチトくんへのイカサマオンパレードと同じ感じです。

先に、ナナくんに私の好きなものについて質問してもらいます。私がナナくんの質問に答えて、記録ノートに書き込みます。この時点で、ナナくんの好きなものの欄は空白になっています(次頁の図)。

今までは交代でやってきたので、次は私がナナくんの好きなものについて質問し、ナナくんが答える番でした。

ところが、私はとぼけて、

「じゃあ、次はナナくん、先生に何を質問する?」

と言って、次の会話内容を提案します。つまり、ナナくんの応答機会を飛ばしてしまうわけです。

ナナくんは、一瞬『あれ？』という顔をしました。私はそれに気付かないふりをして、「はい、じゃあ次は、好きな魚にしようか！」

と、提案しました。

ナナくんは、いとも簡単に押し切られてしまいました。自分のところの空欄はあきらめて、「おくだせんせいの、好きな魚は……」と始めてしまうのです。

	ナナくん	おくだせんせい
のみもの	ペプシコーラツイスト	ペリエレモン
のりもの	はんぞうもんせん	はんきゅうでんしゃ
やさい	ばれいしょ	きたあかり
がっき	マラカス	マリンバ
あそび		けいどろ
さかな		

ナナくんに質問するのを飛ばして次のテーマにいく状況（自己主張行動をプロンプトする際は、空欄の所を指さしする）

そこで、私が自己主張のためのプロンプト。小声でささやきました。

「ぼくのも、聞いてよ」

何のことか分からない、という顔をするナナくんですが、私はナナくんの空欄を指さして、もう一度ささやきます。

「ぼくのも、聞いてよ」

そして、この自己主張モデルをオウム返しさせました。ナナくんが「ぼくのも、聞いてよ」と言った瞬間、私はまたとぼけて、

「あーーーっ、ごめーーーん、忘れてたわー！　ほいほい、ごめんなー、ナナくんの好きな遊びは何ですか？」と、質問しました。

ナナくんは、嬉しそうに「えーと、いっぱいあるんだよなあ、えーっとねえ、大玉転がし！」と言いました。

私の意地悪おとぼけ作戦は、この後も毎回続きます。

1回で「ぼくのも、聞いてよ」という自己主張ができるようになったかというと、そうはいきませんでした。どうしても、私の強引さに負けてしまうのです。それでも、4回目になると、私がナナくんの空欄を指さすだけで「ぼくのも、聞いてよ」と言え

るようになり、5回目以降は「ぼくのも、聞いてよ！」とプロンプトなしに、はっきり自己主張できるようになりました。

最後のほうになると、「もう、忘れないでよぉ」と苦情を言われてしまいました。「ごめんね、こっちも何回もとぼけるのは大変なんだよね」なんて思いつつ、「いやあ、奥田先生も最近、忘れっぽいからねぇ」と最後までとぼけ続けました。

ラーメン屋さんごっこでの快挙！

さらに1か月後。

もう最初から質問は完璧。自己主張も完璧。しかも、そのセリフも「も〜う、ぼくのも聞いてってばぁ〜」などと、指導したものからナチュラルなものへと変化していました（どうやら、お母さんの口癖っぽいですが）。

このプログラムは、ナナくんのお気に入りになったので、いつも遊びのようにやっています。会話の題材についても、ナナくんが決めてくれるようにもなりましたし、私が強引に決めても文句は言いません。ですから、このプログラム自体はもう卒業と言ってもいいでしょう。

セッションでは、遊びも多少強引なことをしました。

ボーリングゲームで、私が投げた後、タイムをかけてトイレに行ったふりをし（その間、お母さんとナナくんには待っててもらいます）、トイレから帰ってきたら「よっしゃ、じゃあ次は、奥田先生の番やでぇ！」と言って投げようとしたり。

宝探しで「3つ集めてください」と言っておきながら、途中で「やっぱり5つ集めて」ってルール変更したり。

ナナくんはこちらのルールに臨機応変に応じるだけでも、なかなか大変だったと思います（もちろん、セッション全体の中ではいつも気持ちよく終わって、次回が楽しみになるように構成しています）。

この頃、お母さんからこんなメールが届きました。

今日、幼稚園の個人面談がありました。

担任の先生のお話では、2学期に入り、だいぶ幼稚園にも慣れたようで1学期はおとなしくしている印象だったのが、元気に遊ぶ姿も見られるようになったとのことでした。

嬉しかったのが、担任の先生から聞いた次のお話です。

隣のクラスの子たちが何人かでラーメン屋さんごっこをしていました。ナナはラーメンがもらいたくて「ラーメンください」と言いに行くと、ラーメン屋の子どもたちは「お金を持ってないとだめ」と言ったそうです。するとナナは、自分の教室に帰って紙で丸をいっぱい書いてそれを持ってまたラーメン屋さんに行くと、「切ってないからだめ」と言われたそうです。ナナはまた紙を持っていって、ハサミで丸を切って持っていったら、今度は、「100円だから100って書いていないとだめ」と言われたそうです。そこで見ていた先生はちょっと気の毒に思って少しだけ手伝ってくれて、ナナはラーメンをゲットできたみたいです。

この話は子ども同士のやりとりがだめだったナナにとっては快挙なのでとて

も嬉しかったです。

ありがとうございました。


確かに、今までのナナくんならば、友達に最初に拒否された時点であきらめてひとり遊びだったでしょう。それが、担任の先生をびっくりさせるぐらい、なんとかして仲間との遊びをやろうとしたというエピソードだったのです。

私は、「ナナくん、強くなったねえ!」と、お母さんに伝えました。

1年前はとても考えられない姿でしたから、ちょっと感動モノでした。しゃべり方はお母さんそっくりです。

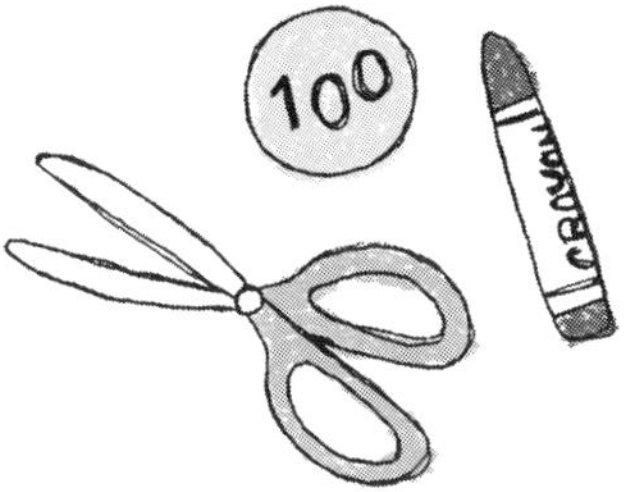
100
CRAYON

6

「脱・保健室」！教室をオアシスにしよう

マシモくんの話

子どもへの支援が必要なのに、学校の協力が得られない……。

信じられないかもしれませんが、私のような仕事をしているとそんな話に接するのは日常茶飯事。これからお話しするのは、ある怠慢な学校とひと組の親子の闘いの記録です。

マシモくんは1日平均120回家族に暴力を振るってしまうような子どもでしたが、4歳時から私の教育相談を受け、暴力はゼロになっていました。小学校にあがる頃には、知的な遅れはありませんでしたが、両親そろって小学校では普通学級への在籍を希望せず、特別支援学級を希望していました。しかし、見学に行った学校側も教育委員会も、両親の希望をまったく聞き入れませんでした。

まず、学校に見学に行った際、教頭先生に「うちの特別支援学級に入ったら、お子さんの障害はますます遅れますよ、損しますよ」と言われました。お母さんが「どういうことですか？」と尋ねると、「ご覧くださいよ、ほら、障害の重い子が多いですから」と教頭先生。お母さんは「でも、重い子が多いからじゃなくて、個別の支援計画を立ててもらえれば、うちの子に合った目標を……」と食い下がるものの、「無理無理！それはやったほうがいいかもしれないけど、アメリカみたいに法律で定められているわけじゃないから」と頭ごなしに拒否されてしまいました。

お母さんは教育委員会にも何度も足を運んで、特別支援学級在籍の希望を伝えましたが、ほとんど聞く耳を持ってくれなかったと言います。夫婦そろってお願いに行ってもだめでした。

入学が迫る1月になっても、教育委員会側はどうしても普通学級への在籍を譲らないとのことだったので、私は思わずこう言いました。

「ときどきそういう教頭がいるんですよ！ 学校の常識は世間の非常識って言われてるでしょ？ スズキの軽自動車を買いに行ったら、店長に『いやいやお客さん、ホンダさんの軽のほうがおたくにはいいと思いますよ！ うちの自動車に乗ったって損するばかりですよ』と言われるようなもん。こんな会話、一般世間ではありえないでしょ？」

お母さんは「そのたとえ話は分かりやすいですね」と、交渉では納得いかなかった気持ちが少しなだめられたようでした。

「とはいえ、あきらめて黙っているのもいけませんので、ご希望でしたら通級学級の利用くらいは、お願いするべきですね。週1日くらい別の学級で個別指導を受けるのは悪いことではないですよ」

と、提案しました。

教育委員会の担当者は、あまりいい顔をしなかったみたいですが、何度か交渉を重ねた結果、「それじゃあ、通級利用をできるようにしましょう」と、約束してくれました。

保健室登校の始まり

ここで、想定外のことが起きました。マシモくんのお母さんのご実家の事情で、私の教育相談がしばらく途切れてしまうことになったのです。

そういう場合、こちらから連絡をすることはしません。しかも、マシモくんは家庭でも保育園でも、私の直接訓練でも、とにかく1年前とは比べものにならないほど安定していました。「便りのないのはよい便り」ということです。しかし、後から知ったのですが、マシモくんとマシモくん家族は、入学後からかなり大変だったようです。

まず、約束されていた通級利用について、学校長から「それは待ってください」と言われ、結局は利用できなかったこと。それから、学級担任（教師としてはベテラン）があまりにも力不足でヒステリックだったこと。

マシモくんに限らず、教室の中には他にも落ち着きのない子どもが何人かいます。学級経営がうまくいかないのに、特別支援教育コーディネーターへの支援要請もしない、校内委員会で取り上げることもしない、教室の子どもたちに対してはときどき「キレる」。キレても効果がないので、指導をあきらめる。その結果、マシモくんともうひとりのクラスメイトは、いつも授業中には教室の後ろで寝そべって好き勝手なことをしていたそうです。

入学後、1週間でそういう学級の様子を知ったお母さんは、すぐに担任の先生と教頭先生、校長先生と話し合いをしたそうです。学校側からは「その都度、指導を強めていくしかない」というような、まったく具体性に欠く返答しかありませんでした。

冷静さを失ったお母さんは、

「せめて教室の後ろで寝そべったときは、保健室に行かせてください」

と、お願いしてしまいました。巡回に来ていたスクールカウンセラーにもそのような対応を勧められたとのことですが、結果的に、マシモくんは小学校入学2週目にして、ほとんど保健室で過ごす子どもになってしまいました。かわいそうに、夏休み前には側頭部が円形脱毛症にまで……。

お母さんから私へ久しぶりに近況報告があったのは、これらがすべて起きてからでした。通級も利用してうまくいっているんだろうと思っていた私としては、あまりにも予想と反する状況に呆れるしかありませんでした。メールには、マシモくんの側頭部の円形脱毛写真まで添えられていました。

「学校もひどいけど、そんなに悪い状態なのになんで相談に来ないんですか？　どうしようもなくなってから相談してくるのは、日本人の悪い癖ですよ」

と、率直に苦言を伝えました。

「教室で寝そべったら保健室で過ごさせるという発想も、まったく間違いですよ。私なら、絶対にそんな助言はしません。将来、そんなことでは知的に遅れがなくても仕事もできない子になりますよ」

などと、お母さんに対して厳しい追い打ちをかけました。もちろん、このお母さんならしっかり伝えたほうがいいと判断してのことです。

まずは、お母さんに「できる」と信じてもらう

そういうわけで、約1年ぶりにマシモくんの教育相談が再開しました。暴力の問題については、半年ぶりに1回だけあったそうで、私の支援の効果は十分に維持しているとのことでした。その1回の暴力も、近所の子が仕掛けてきたシチュエーションで、誰が見てもどんな子どもでも仕返しに叩いてしまうような場面だったとのことです。

それよりも、問題は学校の対応です。

担任の先生は「特別支援教育なんかやらなくてもいい」と言うそうです。特別支援教育どころか通常の学級経営スキル自体も欠如した、典型的な無気力教師でした（こういう人に限ってプライドだけは高かったりするので厄介《やっかい》です）。

この件については、こういう「絶望教師」をどうこうするのではなく、入学前から約束していた通級利用の話はどうなっているのかと、学校や教育委員会側と定期的な

交渉をし続けるべきだと助言しました。

真っ先に対処しなければならない問題は、すぐに保健室に行かせるのを何とかできないか、ということです。入学直後から「寝そべったら保健室」のパターンになっているので、これはかなり大変な問題です（ちなみに、保健室では優しい養護教諭と一緒に過ごすか、ひとりでいるときはベッドで寝そべっているようでした）。

もちろん、直す方法はいくらでもあります。絶対に教室で過ごせるようになる、具体的なプランとその成功イメージもできています。ただ、このプランでこんな学校を相手に、保護者の根比べが続くのかどうか。それだけが心配でした。

お母さんは言いました。

「もう絶対、教室から出て行ってしまうので、どうしようもない状態です」

私は聞き返します。

「絶対に教室から出てしまうんですか？」

「45分間も、絶対に無理です」

「お母さんはこれから言う私の話を聞いたら、逆に絶対に教室の中に45分くらいおらせることができると思うようになりますよ」

そして、続けて次のように伝えました。

「お母さん、私はマシモくんを殺します。家族から順番に、まずはお姉ちゃん、その次に、お父さん、その次にお母さん、そして最後にマシモくん。ひとりずつ銃殺します。私が自動小銃を構えて教室にいるとします。で、お母さんとマシモくん以外の家族全員、教室の後ろに身動きできないように縛っておきます。それで、マシモくんがもしこの45分間のうちに1歩でも教室の外へ出たら、さっき言った順に殺します。

本当に殺しますよ。何なら1番目と2番目に爺さんと婆さんから殺したとしましょう。このままでは次に撃たれるのはお姉ちゃんです。ただの脅しじゃなくて、実際にすでに教室の後ろにはマシモくんが出て行ったために殺された爺さんと婆さんが横たわっています。次はお姉ちゃんです。そういう切羽詰《せっぱ》まった状況を想像してください」

お母さんは固唾《かたず》をのんで私の話を聞いています。

「それで、お母さんはまずこの教室での45分間、どうしますか？ マシモくんを、これまでみたいに少し離れたところから様子を見守るんですか？」

「いいえ、ギュッと手を握って離しません」

「教室の廊下側の出入り口に近づけさせますか？」

「いえ、むしろ廊下側から一番遠いところにおらせます」

「そうですよね。じゃあ、それでもマシモくんがお母さんを振り切って廊下に飛び出そうとしたら？」

「絶対にそういうそぶりも許さないです」

「この45分を乗り越えさえすれば助かるんですもんね」

「そうですね、45分くらいなら何とかできます」

「お母さんは、ついさっきまで『45分なんて長い時間、絶対に無理です』と言ってたけど、今『45分くらいなら』って、たった数分で考え方が変わったようですね。そうです、もし私が母親ならマシモくんをロープでグルグル巻きにしてでも家族を守ります。たった45分だけでやり過ごせるんですから。


でもね、教室で他の子も見ているのにロープでグルグル巻きなんて不細工でしょ？

じゃあ、マシモくんの大好きなテレビゲームを教室の中でやらせるのは？

グルグル巻きよりマシでしょ？

さすがにテレビゲームを授業中にというのはあんまり、というのであれば、机の上で大好きな遊びをするというのなら？　発想法が伝わりました？　絶対に決められた時間、外に出さないということ。その上で、後は見た目も悪くない方法で教室におられるようにするということです」

「それならまず45分くらい大丈夫です」

「お母さん、『まず』じゃないですよ、本当に殺されると思ってください！ 絶対に外に出しちゃだめだと強く決意してください」

「分かりました」

このように、まずはお母さんに「保健室でゴロゴロ過ごすのはゼロ」という決意をしてもらいました。とんでもない想像をしてもらいましたが、お母さんはこの教育相談の終わりには「絶対にできる」という確信を得たようです。

教室の中にオアシスを！

もちろん、このとんでもない想像をしてもらうばかりではなく、同時に、教室での「過ごし方」のプランについて、いろいろと話し合いをしていきました。要するに、「保健室をオアシスに！」という素人でも思いつきそうな発想ではなく、「教室の中にオアシスを！」という逆転の発想が大切なのだということです。

「教室で過ごすことだけ」を目標とするならば、勉強しなければならないという課題まで求めなくてもいいはずです。つまり、このときのマシモくんにとって、「授業中は保健室に行かず、教室で過ごすこと」だけでも、大きな課題と考えるべきなのです。

これも、スモールステップの発想です。そう考えれば、教室での過ごし方のレパートリーは拡大します。ということで、お母さんに提案しました。

「戦隊モノの塗り絵をさせましょう」

「塗り絵!?」

「いいんですよ、教室にいてさえくれればね」

真面目な教師のほとんどが、「それでは困ります」と言うでしょう。しかし、そういう教師のほとんどが子どもの状態に合わせる視点を持たず、子どもを教師や学級に合わせようとして、うまくいかなければ子どものせいにしてしまうものです。あるいは、「クラスの他の子どもらがいる手前、授業に関係ないことを許すわけにはいかない」などという見解も、よく耳にします。

確かに、他の子どもが気にしたり、邪魔になったりするような活動（音が出る玩具で遊ぶ、ポータブルDVDを見る、携帯型ゲーム機で遊ぶ、マンガを読むなど）は避けるべきでしょう。それでも、教室の子どもの大半が机に向かって作業しているのと同じような態勢で、作業内容だけ異なる子どもがひとり、ふたりいてもいいのではないでしょうか。

これも、適応のひとつではあると言えます。積極的に授業で行われている目的に応じた行動をしているわけではないけども、集団の中で迷惑をかけずに一緒にいるくらいの適応から、スモールステップで始めるのです。

そもそも、マシモくんについては教室の後ろで寝そべって遊んでいたのです。そして、授業中に教室からしょっちゅう飛び出していました。その状態よりも、着席して何か作業に従事できるようになることのほうが、よほどすばらしいと考えなければなりません。これくらい柔軟な発想があれば、特別支援教育ももっとうまく機能するでしょう。

もちろん、あくまでこれは支援前の状況に合わせた初歩的な目標であって、達成レベルに応じて少しずつ周囲の子どもらと同じことができるようにステップアップしていきます。いつまでも、好きなことをさせたままにするのでもありません。これも重要なことで、きちんと「積極的適応」への道筋を考えておく必要があります。

予想できない問題を乗り越えていってもらうために

マシモくんの例について言えば、担任教師にそもそも何もやる気がなかったために、真面目な教師にありがちの抵抗はありませんでした。塗り絵など、授業とは無関係なことの導入についても、「お母さんがやってくれるのでしたら、どうぞご勝手に」というリアクションでした。

お母さんには1か月だけマシモくんの教室や、教室を出た廊下付近で、私の言った通りの支援を実行してもらいました。その結果、小学校入学直後から保健室の常連さんだったマシモくんも、毎日毎時間、教室で過ごせるようになりました。

その間、お母さんは繰り返し特別支援学級への転籍か、通級学級の利用を要望し続けていましたが、小学2年生になって、ようやく通級の利用が認められたそうです。マシモくんは、お母さんが学校に来なくても、教室で過ごせるようになっています。円形脱毛も直りました。

夏休み前、校長先生は「お母さん、最初から通級を利用していればよかったんですよ」と言ったそうで、お母さんを呆れさせました。

「アタシたちは入学前からそれを要望してきたんであって、アンタは教育委員会と一緒になって拒否してきたやんか」と、言ってやりたい気持ちをグッと抑えるお母さんでした。

誰もが、「マシモくんは安定していますよ」と言ってくれるようになり、私から見ても、マシモくんは相当穏やかな子どもさんになりました。ただ、将来にわたってもう心配はないのかと言われると、そんな保証はできません。

これから出会う教師、クラスメイト、先輩や後輩、地域社会の人々。いろんな人がいるのです。いくら、マシモくんが穏やかな子になったからと言っても、これからの出会いは未知数なのです。

私としては親御さんが問題解決方法を学び、親子でこれからの予想できない問題を乗り越えていけるように支援していくしかありません。

最初の頃は、私がパイロットとしてひとつの飛行機（家族）を導いていくのですが、いずれ私は管制官となってパイロット（親御さん）を導くようになる。長期的な支援は、こんなイメージでやっています。

7 ベッドウェッティング卒業

レイアくんの話

レイアくんは、9歳の男の子。5歳のときに地元の小児科で「ADHD傾向」と告げられ、7歳のときに大学病院で「ADHD」と診断されました。幼稚園在園中、かなり活発に動く子どもということで、幼稚園の先生が保護者を連れて私のところに相談に来た経緯があります。年長になったばかりの頃でした。

当初は、ルールのあるゲームをしたり、机上での課題をしたり、場面の切り替えをあえて細かく設定して指導をしていました。そのうち幼稚園の先生は「落ち着いてきたから」という理由で来談しなくなりましたが、レイアくんが個別指導でぐんぐん伸びるものですから、お母さんが熱心になって相談に連れて来るようになったのでした。

卒園後は地域の小学校の通常学級に進み、週1日の通級学級も利用していたため、全般的な学習の遅れはほとんど気にならない程度でした。

友達と遊ぶときに、たまに乱暴な言葉遣いをすることはありますが、それは友達も同じようなもの。私もそうですしね。

ただ、キレて暴力にまで至るかというと、それは絶対にないように指導してきたので大丈夫でした。私とのゲーム遊びなどでは、私がしょっちゅう「ズル」をするものですから、「すぐにズルをする奥田先生は油断も隙もありゃしないよ」「まったく奥田先生は漁夫《ぎょふ》の利ばかり」と言われていました。

小学1年生にして「漁夫の利」とか言うもんですから、そこは思わず「ちびまる子ちゃんみたいやな！」とツッコミを入れたら、本当に『ちびまる子ちゃん』のことわざの本を読んでいたそうな……。

言わないで！　知られたくなかった悩み

さて、レイアくんがもうすぐ小学4年生になるというとき、私は「まだ青年期の問題はあるやろうけど、お母さんのほうで相談事もないようでしたら相談を終結にしましょうか？」と提案してみました。

レイアくんのお母さんは、ほとんど毎回「特に気になる問題はないです」と言っていたものですから、そのように提案したのです。

するとと、レイアくんのお母さんは少し申し訳なさそうな顔をしながら、

「実は、まだレイアには『おねしょ』がありまして、ときどき失敗をしてしまうんです……」

と、告白しました。

これを聞いたレイアくんは、憮然《ぶぜん》とした表情で、

「お母さん、言わないでよ！」

と抗議。

しばしば、こういうことがあるのですが、どうも親御さんの中には「夜尿は医学的な問題だ」と思い込んでいる人がいるのです。それで「奥田先生に相談したって……」と思っていたのか、そう思わずとも「こういう生理的な問題も相談できるんだ」とまで思いが至らなかったのかもしれません。

それにしても、レイアくんは不機嫌になってしまいました。レイアくんはレイアくんで「奥田先生にいいところを見せたい」と思っていたのかもしれません。同じく「悪

いところは隠したい」と思っていた可能性もあります。

失敗してもペナルティーなしを大原則に

次の教育相談のときにはお母さんだけで来てもらうことになりました。

レイアくんの夜尿についてお母さんの話を伺うと、朝起きておねしょをしていると「なんで起きてしないのよ！」と言ってしまったことがあると反省していました。また、お父さんに「もう4年生にもなるのに、いつまでおもらししてるんだ！　恥ずかしい！　この寝しょんべんたれが！」と強く叱られたこともあったと言います。

まず、基本姿勢として、

「失敗した日の朝、叱るようなことは一切しないこと」

「罰としてレイアくんに布団を干させたり、ペナルティーとしてレイアくんが集めているカードゲームを取り上げる必要もないこと」

を伝えました。そして、夜尿自体は直るものだから気にならないけれども、レイアくんが「恥ずかしい、悪いところは隠したい」と思ってしまっていることのほうが気になるとも伝えました。相談すれば簡単に直るのに、うまくいかないことで自分や他人を責め続けるのはよくないことです。

だからむしろ、次のセッションのときまでにお母さんはレイアくんに話をしておいてもらう必要がありました。

話し合いの戦略としては、

「お母さんだって髪の毛の臭いをかぐとか変なクセがあるんだよ。そんなクセを直そうと思ったら奥田先生に相談するよ。レイアくんも、おねしょはクセだから直してもらいなよ」

という感じで、「悪いこと」「恥ずかしいこと」というよりも、誰もいろいろなクセを持っていて、レイアくんの場合はたまたまそれが夜尿であるということ、そしてそれは、必ず直るということを強調するものでした。

翌月、レイアくんはお母さんと一緒にやって来ました。

お母さんの表情を窺《うかが》うレイアくん。ゆっくりと頷いてみせるお母さん。すると、レイアくんは意を決したようにこう切り出しました。

「奥田先生、ぼくのおねしょを直してください!」

単刀直入でした。直球ど真ん中なので、逆に驚くアレと同じです。

「おお、そうか。それは簡単に直るで！　先生の言った通りにやってくれればね」

「お願いします！」

「もうすでに直ってるレイアくんの姿が目に浮かんでるよ！」

お母さんも、

「レイアくん、よかったね」

と、早くも安心した様子です。まだ、どんなふうに介入するかは教えていないのになあ、と思いつつ、夜尿を直す作戦を次のように説明しました。

①絶対に怒らない
②罰を与えない
③新品の布団一式、今どき数千円で買えるので1～2組くらい買うこと
④失敗したときは、お母さんが何も言わずに洗い物をして、布団を干すこと
⑤事務的に対応すること

ここまでは、お母さんも納得顔。

⑥寝る前にできるだけたくさんお茶を飲むこと（麦茶など利尿作用の高いもののほうがいい）

ここでお母さんは「えっ！」と、まるで聞き間違えたかのような声を上げました。「寝る前にはなるべく水分を控えるように」と思い込んで、そのようにしてきたそうです。世間の常識では、それが一般的でしょう。実際、この戦略を伝えたときには、たいていの親は驚きますから。さて、続きです。

⑦寝る前の水分摂取については、就寝時間の1時間ほど前（30分前〜90分前くらい）とする。最後のトイレでのオシッコを忘れて寝てしまうようならば早め（就寝前90分くらい）に水分摂取、最後にトイレでオシッコしてから寝るまでに時間がかかるようならば遅め（就寝前30分くらい）というように。

⑧プレッシャーをかけないこと。布団は余分に2つある。濡らしても平気。失敗するときは、たくさん水分を摂っているのだから大海原の大水害で当たり前。そして、寝る前に「たくさん飲め」と言ったんだから、朝濡らしていたら全部先

生のせい。「お母さん、島唄で『〽ぬらしなさい、もらしなさい』って歌があるでしょ？」。

⑨この方法を始めてから、初めてのベッドウェッティングなしの日には赤飯もの。フライドチキンが好きならば、フライドチキンディナーを約束すること。2回目以降は、カードゲームのカードを1枚ずつ小刻みにプレゼントしていく。

これらの説明を、お母さんにゆっくり説明しました。レイアくんも一緒にいて黙って私の説明を聞いていました。特に、最後のほうでカードゲームがもらえるという辺りで「がんばるぞ！」という気持ちは強まったようです。

寝る前に飲め！

私はレイアくんに、

「これで絶対に直るから。失敗してもな、寝る前に『飲め、飲め、もっと飲め！　大海原の大洪水や！』と言った奥田先生のせいやもんな！」

「はい」

「これはチャレンジゲームみたいなもんやで！　チャレンジしてみて！　負けたくないやろ？」

「負けたくないです！」

「じゃあ、勝利のコツを教えてあげるわ。本当にたくさん飲むこと。寝る前にトイレに行かず、布団に入ってからすぐに起き上がってトイレに向かって最後のオシッコ。これはお母さんにも手伝ってもらってな」

「やります！」

「布団に入ってからすぐに起き上がってトイレに行くのがポイントやで！　すぐに、やで！　寝てしまったらいかんからな、すぐに、やで！」

「はい！」

「よっしゃ、これで思ったよりも早めにフライドチキンディナーゲットと、カードを毎日ゲットできるようになる日は近いよ！」

　ということで、お母さんもびっくりした様子でしたが、私が話をした内容がいずれも具体的に実践できるレベルで説明してあるので、それをそのまま実行してくれました。

翌月。教育相談にやってきたレイアくんとお母さんは嬉しそう。お母さんに促されて、レイアくんが私に報告してくれました。

「奥田先生、おねしょは卒業になりました！」

笑顔で頷くお母さん。

「おお、そうか！　そうやろ？」

フライドチキンディナーを食べたことと、ゲットしたカードを鞄から取り出して見せてくれました。

その日は、たった2日でやってきた

お母さんに話を聞くと、初日には今までの布団に失敗したとのことでした。でもこの失敗を通して、お茶を飲むのが30分前だったのをもう少しくらい早めに飲ませておけばよかったかなと、お母さんは手応えを感じたようです。そして、「奥田先生のせいだよね」ということで叱りもしませんでした。

2日目、買っておいた新品の布団に寝ることになりました。お茶を飲ませるのも1時間前にしてみました。初日と同様、この2日目もレイアくんがお母さんに「おやすみなさい」と言ってきたので、そのままトイレに行かせずに新しい布団に連れて行き、その布団に入ってからすぐに「さ、トイレ行こう！」とやってもらいました。たくさん出たのは言うまでもありません。

そして、とうとうその日が来たのです。とうとう、というか、たった2日目で。朝、新しい布団は水浸しになっているかと思いきや、なんとドライ状態。ドライですよ、ドライ。熱帯雨林ではなくサハラ砂漠ですよ、奥様！

お母さんはレイアくんを祝福して、「大成功！ 今夜はフライドチキンを食べに行こうね！」とレイアくんと約束しました。

その日以降、まだ私の言った通りの「寝る前の儀式」はやってくれていますが、この1か月の間、夜尿があったのは介入初日の1回のみでした。3日目以降は、ゲームのカードを1枚ずつあげているとのことでした。

「レイアくん、卒業、おめでとう！」

こう祝福しつつ、お母さんには次のチャレンジとして新しい方略も伝えました。成功した日につき1枚のカードをあげるのではなく、「成功2日連続で1枚」「3日連続で1枚」のようにしていくのです。

そのようにしても崩れることはなく2か月、3か月と夜尿がゼロになりました。細かく様子を聞くと、「たまに夜中に自分で起きてきてトイレでオシッコするようにもなりました」という変化も確認できました。

ぼくはもう失ぱいしなくなりました

お母さんからのメールに、レイアくんの文章も一緒にありました。

レイアのご指導ばかりでなく、親へのご指導も大変大きな力になっています。おかげさまで、レイアのおねしょはパーフェクトに直りました。こんなにすぐに効果が出るのだったら、もっと早めに先生に相談すればよかったと反省しております。新しく購入した布団はもう1セット使わないままで済んでいますので、ずっとおねしょしていた古いのは捨てて2組体制でいこうと思います。おねしょを卒業して、レイアは自信を付けたかもしれません。

先生へレイアからのお礼です。

おく田先生、ぼくはもう失ぱいしなくなりました。ほんとうは自しんがなくて、ぼくだけはずかしいばっかりしていて、一番くらい気もちでいました。でももう大じょうぶです！　元気になりました！　学校もとても楽しいです。今度またセッションに行きます。

レイアより――

こんな感じで、トイレットトレーニングひとつで生活全般で自信が付くのなら、本当にお安いことです。

ちなみに、ここで紹介した方法は、レイアくんのために作成したものです。一見、似たような症状の子どもさんだからといって、そのままやってもうまくいかない場合があります。「アラームパンツ」を使ったほうがいい子もいますし、成功例を他の子に当てはめるというよりは、その子に合わせた方法を選んで成功に導くというイメージです。

何はともあれ、レイアくんおめでとう。

8

「最悪」を練習する⁉

アリちゃんの話

アリちゃんは小学6年生の女の子です。アリちゃん親子と初めて出会ったのが小学校入学前ですから、6年のお付き合いになっていました。

友達とのトラブルが多く、登園拒否をしたのが出会いのきっかけ。親御さんが勉強熱心だったので、すぐに専門病院を受診、アスペルガー症候群と診断されました。

アリちゃんは、小学1年生のときに保健室登校になってしまったのですが、たまたま養護教諭が協力的だったおかげで私の提案した方法を全面的に取り入れてもらえ、たった1週間で保健室を使わずに教室で過ごせるようになりました。

それから小学校高学年になるまで、落ち着いた生活を送ることができていましたが、思春期になってくると年齢相応な相談が出てくるものです。

小学6年生になったアリちゃん。ある日、ちょっと暗い表情でお母さんと一緒に相談にやって来ました。

「どうしても許せないことがあります」

と言うので、

「ほな、これに書いてみて」と、紙と鉛筆を渡しました。

私は、アリちゃんのようなタイプの子どもさんから、本人がどうしても納得できないというような話を聞く際、よく「筆談」を使います。以前、学会でも発表しましたが、うまく利用すれば一石「三鳥」くらいになります。多弁を防げるし、頭の中を整理しやすいし、こちらの提案を目で見て考え、後から振り返ることもできるのです。

アリちゃんは、

「ナカさんとマチさんがいると読みたくありません」

と書きました。

詳しく聞いてみると、学校で教科書を読んだりグループ発表をしたりした際、同じグループのふたりが後から文句を言ってきたのだそうです。「下を向いて発表するから聞こえないって言われるんだから」とか、「アリさんが責任を取ってください」などと言われたというのです。

お母さんも友達関係のことについては、以前からずっと心配していました。学級担任に相談しても、「表だって問題になってきたら対処します」という返事で、友達関係についての取り組みには消極的でした。

これは問題が起きてから対処するという宣言であって、予防的な視点で対策を練るというのは、多くの教師にとって苦手なことのようです。問題が起きてからでは遅いこともあるし、「今、何もできないなら、問題が起きてからなんかもっと何も対処できないくせに」と私は思います。

とりあえず、最初の筆談では「学校で嫌なことや納得できないことがあったら、お母さんに報告すること」と約束するところまで漕《こ》ぎ着けました。少なくとも、日々、接するのが母親です。お母さんに対しては、アリちゃんの報告内容がいじめのような場合は、すぐに担任の先生と学校に相談するよう伝えました。

1か月後、また休み時間にクラスメイトから責められることがありました。アリちゃんは帰宅後、すぐに母親に報告しました。

「今日、ナカさんに『一緒にいたら私たちまで悪く見られるから』って言われた」

お母さんは、アリちゃんに詳しい状況を聞いてみたのですが、この日はグループ発表ではなくて、音読した授業の後の休み時間に言われたということでした。

「もう絶対に音読はしない!」

と、ムキになってしまったアリちゃん。

お母さんは、すぐに担任の先生にこの話を相談しました。すると「そういうことがあったのでしたら、気を付けておきます」という程度の返事で、お母さんにしてみれば何の期待もできない印象だったようです。問題が起きてからの対処法はどんなものかと言ったら「気を付けること」では、まるで教師が子どものようです。

ひどい読み方対決! どっちがマシ?

翌週、私のところに親子でやってきました。お母さんの話をひと通り聞き終えた後、アリちゃんとまた筆談でお話し。

「音読は自信がありません」

「読むのを失敗したくありません」

アリちゃんは、そう書いてくれました。

意地悪なクラスメイトのことをもっと憎んでいるのかなと思っていたのですが、アリちゃんは自分自身を向上させたいと考えたようです。けなげなアリちゃんの姿を見ていると、涙が出そうになりました。

「よっしゃ！　ほんなら奥田先生と読む練習をしようか？」

アリちゃんは、「練習します」と応えてくれました。

まずは、音読がどの程度苦手なのか、教科書の一文を読んでもらいました。特に問題があるほどではありませんが、少し緊張しているためにときどき読みがつかえる程度です。

「上手に読めるやん！」

と、褒めてみると、はにかみながら「いいえ」と首を横に振るアリちゃん。

「じゃあ、奥田先生が読んでみるから聞いていてね」

ここから、奥田流の練習のスタートです。

「これから、ふたつの読み方を見せるから、どっちのほうがマシだったか教えてね」

と、伝えました。

ひとつめの読み方として、ちょっと吃音《きつおん》が入った感じで一文だけ読んでみました。

次に、「では、ふたつめの読み方をします」と言って、今度は同じ一文を思いっきり東北弁（東北出身の大学院生に教えてもらったズーズー弁）のモノマネで読んでみました。

アリちゃんは（一緒にいたお母さんも）、ふたつめはちゃんとした読み方をするんだろうと思っていたようで、意表を突かれた顔をしていました。

「どっちが上手やった？　というか、マシやった？」

「ひとつめのほうです」

この調子で、私が読むときは必ず「ちょっとつまりながら読むパターン」と「かなり無茶苦茶な発音で読むパターン」の両方を披露しました。後者のパターンは、東北弁モドキの他に、うちなーぐち（沖縄弁）モドキとか、宇宙人の言葉とか、半魚人の言葉とか、ふざけているとしか思えないような読み方です（紙面では、これらを伝えきれないのが残念！）。

アリちゃんには常に真面目に読み続けてもらいましたが、

「アリちゃんもやってみる？」

と、聞いてみると、

「私はいいです」

と、やっぱりあえなく拒否されました。

まあ、私が無茶苦茶な読み方をし続けるだけでも効果はあったと思いますが、アリちゃんとの付き合いも長いので、

「ほな、先生が書いた文章を読むだけでええわ！」

ということにしました。

「トドけいには、長いハリスと短いパリスがありまして、時間をチェックするターメリックです」

などと、スラスラスラッと紙に書いて、見本を見せるためにこれをそのまま読んでみせました。続いて、アリちゃんにも読んでもらいました。ちょっと照れ笑いしながら、私の書いた文章をかなり躊躇《ちゅうちょ》しつつ最後まで真面目に読んでくれました。

「なっ、オモロイやろ？」

と、私は押しつけがましくアリちゃんにニコニコ聞きました。

「真面目文」と「最悪文」

この後、「真面目文」「最悪文」と名付けて、教科書の真面目な文章を真面目に読む

ことと、私の相談日にだけ特別な「最悪文」を読むことを、交互に繰り返し練習しました。

もともと、ギャグ漫画は好きだったアリちゃんですから、翌月にはアリちゃんにも「最悪文」を作ってもらうことになりました。

私も負けずに、

「コウ、ウ、ン、キは田んぼを耕すものですが、仔牛のウンコ、略してコ、ウ、ン、コは田んぼの肥料になるものです」

と、得意のウンコ話。

一方のアリちゃんは、

「できたてホヤホヤの法隆ぢで歌っている聖徳太子にお土産をわたした妹子」

などと作文し、悦に入っています。

思えば、音読が苦痛だというのがこの指導の始まりだったわけですが、こうやって音読も面白くさせちゃったわけです。いや、少なくとも音読を避けさせるようなことはしませんでした。その後、これが「ギャグ文を作ろう」という遊びとして、アリちゃんとの教育相談で続いている活動のひとつです。

本来ならば学校側の協力がもう少しあってしかるべきだと思うのですが、この例のように積極的な対応をしてくれないことは他にも多々あります。

その後、アリちゃんの口から学校での不満はあまり聞かれなくなったそうで、お母さんからは次のようなメールをいただきました。


いつもお世話になっています。アリのことについて、先日の懇談会で担任の先生に教室での様子を聞いてみました。今回の懇談では進路の話がメインでしたが、せっかく奥田先生とのセッションで、あんなに音読の練習をしているので、音読の様子について聞いてみようと思ったからです。

担任の先生には「国語の音読では1学期の頃よりも大きな声になってきましたし、ゆっくり読んでいるので上手なほうだと思います」と褒めてもらえました。友達関係については気の合う新しい友達もできたようで、1学期のグループとは別のグループの子たちと一緒にいることのほうが多くなったそうです。

この6年間で、アリはとても成長しました。音読のご指導も、とても思いつかない指導法でしたが、自宅でも面白いことを言うようになりました。アリに明るい笑顔が戻ってきて、それが私の励みになっています。本当にありがとうございます。

来年から中学生になりますが、これからもご指導をよろしくお願いいたします。

アリの母

音読は、小学校6年間の中で、アリちゃん自身にとって大きな乗り越えるべき山だったと思います。それは、親御さんにとってもそうでしょう。私は、その山を一緒に乗り越えたと言えば少し大袈裟《おおげさ》で、やっぱり乗り越えるために自分の足で歩いたアリちゃんが偉いのです。

「こっちこそ、ありがとう」

ピュアでひたむきな子どもらを目の前に、いつもそう思います。

9 食いしん坊から調理師への道

ノアくんの話

ノアくん親子とは10年以上のお付き合いになります。年中さんの頃、高機能自閉症（非定型広汎性発達障害）という診断を受けた後、私のところに相談にやって来ました。ちょっとしたことで激しいかんしゃくを起こすのが特徴で、初期の指導シーンの動画を見ると、それはもう嵐のような場面だらけです。

勝敗のあるゲームに負けると爆発、課題のやり直しを求めると爆発、自分より先に家族の人がお菓子をもらうと爆発。

とにかく、「気に入らない→即爆発」という感じの子どもさんでした。このいわゆる「キレる」状態になってしまうと、激しい攻撃行動と器物損壊行動にまで発展することもあり、頻繁に起こる騒々しさも含めれば「強度行動障害」と判定されるに十分でした。これらの問題については、気に入らない場面をわざと設定し、乗り越え方を何度も練習したことで、小学2年生までに行動障害ゼロになりました。

ここでは、このノアくんが専修学校の調理科に入学する前後に、どのような支援をしたか紹介したいと思います。

ノアくんといえば、「食い道楽」という言葉が最初に浮かぶほど、食にはうるさい子でした。もっと子どもらしい表現をすれば「食いしん坊」。でも、ノアくんの場合は子どもなのに大人っぽいことを言うので食い道楽と言って間違いないでしょう。

「今週の土曜日は鉄板焼です」

と言うので、

「焼き肉のこと?」

と聞くと、

「上質の和牛を目の前でシェフが焼いてくれるのです。ブランデーでフランベして炎を上げます」

と、ノアくん。

「フランベか!? ほんまに鉄板焼に行くんやあ、ええなあ」

「アワビなどの海鮮素材もセットです」
小学校の高学年の頃からこんな「大人な会話」を楽しんでいました。

最初はトーストづくりだけでもそのうちに……

私の支援では、知的な遅れのない子どもさんだろうと、発語が乏しい子どもさんだろうと、小学校の高学年くらいになったら自分で少しでも食べ物をこしらえることを教えています。食べ物といってもいろいろで、即席ラーメンみたいなものからトースターを使ってトーストと紅茶。ちょっと上達すれば、ピザトーストやサラダ、パスタ、グラタンなど、火や刃物を使った料理も教えていきます。

教え方もさまざま。モデリングだけで段階的に教える方法もあれば、ビデオモニタリング、手順カードなどを使った視覚支援など、子どもに合った指導方法を選んでいます。

最初は親御さんの全面的な支援が必要となります。そして、単に課題として教えるという考え方ではなく、親子の生活の一部に入れてしまうことを提案しています。これは本当に大切なことです。

具体的に言えば、たとえば「毎週日曜日のお昼ご飯は、ノアくんに担当してもらってください」と、親御さんにお願いしています。

私はこのことを「親も犠牲になってね」と面白おかしく表現していますが、実際、毎週日曜日にトーストとツナサラダとコーヒーだけでは、すぐに物足りなくなってしまうもの。最初は、我が子に作ってもらった昼食はなんだか美味しいものなのですが、同じメニューが連続すると、さすがに「次はもうちょっとレパートリーを拡げてもらいたいな」と思うでしょう。

調理を生活の一部に組み込んでいくことで、親御さんも「ちょっと教えてやろうか（毎週トーストじゃ、たまらんし）」と協力的になってくれるというわけです。

ノアくんの場合も、調理スキル向上のためならと、親御さんが今まで以上に協力してくれました。中学生になった頃には、ノアくんの調理担当は週1回程度から週3、4回程度に増えていました。当然ながら、トーストばかりではたまりませんので、気が付くとノアくんのレパートリーも格段に増えていきました。

この頃、教育相談でも今週は何を作ったのか話し合ったり、どんなでき上がりだったのか聞いたりするようにしていました。

こだわりの高級食材

その中で、あるテレビ番組の影響を強く受けたノアくん。

こんなことを言っていました。

「日曜日にキムチチャーハンを作りました。特選素材には長野県産の白菜キムチを使いました」

そのテレビ番組では、メニューはどこでもあるようなメニューなのですが、使われる食材のひとつだけが「特選素材」と呼ばれるかなり豪華な（そして高価な）もので、わざわざその特選素材だけはどれだけ価値があるのか特別に紹介されていました。

お母さんに聞いてみると、

「どうもあのテレビ番組を気に入っちゃって、普通にチャーハンとか作ってくれたらいいのに、わざわざチャーシューはどこどこ産の手作りチャーシューじゃなきゃだめだとか言って、高く付くんですよ」

などと、苦笑いしていました。

「そりゃ、下手に失敗されては困りますねえ」

と、私が答えると、

「そうなんですよ、どうしても失敗されたくないので、つい焦《こ》がしてしまわないように手出し口出ししてしまうんですが、『お母さんは黙ってて！』なんて言われてしまうこともありました」

と、お母さん。

なかなか、自然に職人っぽくなってきました。まあ、「職人のこだわり」という言葉があるんですから、「自閉症のこだわり」というのは職人と相通じるところがあるのでしょう。いいじゃないですか。

段々に、ノアくんの作る料理のメニューもプロっぽくなっていきました。「特選黒毛和牛のビーフストロガノフ」とか、完成形がすぐに頭に浮かびもしない、舌を噛んでしまいそうなメニューにチャレンジしていました。当然、「黒毛和牛もの」を失敗させるわけにはいかない主婦の鑑《かがみ》であるお母さん。自然とプロンプト（口出しや手出しなどの援助）が多くなったのは言うまでもありません。

ただ、課題もありました。2品目を作るとどうも食卓のバランスが悪いことです。たとえば、「海鮮ちらし寿司」を自分で作り、もうひと品をお願いすると「海鮮チャーハン」を作ってしまうといった具合。決して失敗ではないですし、素材の共有ができるのですが、食卓に並ぶと「ご飯&ご飯や~ん!」ということになるわけです。ノアくん本人としては「海鮮つながり!」とでも思っているのかもしれませんが。

調理記録ノート

このような微笑ましい特徴は少しずつ修正していけばよいのですが、もう少し切実な問題がありました。

それは、新しいことにチャレンジしたい気持ちが強くなりすぎて、途中で断念してしまうなどの失敗も多くなっていることでした。

また、せっかく覚えたメニューを繰り返せばもっと上手になれそうなのに、一度作って食べてしまうと忘れてしまうんだそうです。

ノアくん本人はもしかするとゲーム感覚で料理を楽しんでいるのかもしれません。それはそれで、すばらしいのですが、将来のことを考えると、同じ料理を安定して作れることも大切です。

そこで、私はこうした支援をノアくん親子に提案してみました。ノアくんが作った料理はすべて「調理記録ノート」に書き留めることです。私が次のようなノートを提案したところ、お母さんがワープロできれいに作成してくれました。

レシピについては、ノアくんが参考にしたレシピ本の内容のままでもいいから、とにかく毎回記録することとしました。

6月10日	
メニュー	キムチチャーハン(2人前) 
食材 1	ご飯 400g
食材 2	ごま油　大さじ 3
食材 3	しょうゆ　少々
食材 4	いりごま　大さじ 2
食材 5	
本日の特選素材	長野県産　白菜キムチ 15g
レシピ	1 白菜キムチを1.5cm幅に切ります 2 鍋にごま油を熱し、ご飯を加えてほぐしながら炒めます 3 全体に油がなじんだら1を加えて全体に混ざるように炒めます 4 しょうゆを少々入れ、いりごまをふって混ぜて仕上げます
感想(あれば反省)	とてもおいしく召し上がりました。 豚肉を入れてみてもおいしいと思いました。 **調理所要時間 25分**
お客様の声	美味しかったです。少し辛かったかな。 キムチチャーハンだから辛くても美味しいですけど。ごちそうさまでした。 **星 ☆☆**

調理記録ノート

ちゃんと、ノアくんこだわりの「本日の特選素材」の欄もあります。また、オリジナルなところとして足したのは、自分で作った料理をデジタルカメラで撮影して貼り付ける欄、本人の感想または反省欄、お客様の声という欄です。

ここには、別の番組からの真似ですが「星なしから星３つ」までの評価項目も設けてみました。これだけでも、テレビ好きのノアくんには楽しい支援となったでしょう。

ところが、残念ながらノアくんは面倒だったのか、初期のうちはこの調理記録ノートを書くのをあまり喜んでいませんでした。

まあ、確かにそうでしょう。

お料理を作った直後はさっさと食べたいものですし、食べ終わった後にはちょっとのんびりしたいものです。ここに「食べる前に写真を撮っておいてよ」とか「記録を書いてよ」というのは、確かに面倒なイメージがありました。

それでも、渋々ながらも続けていくと、結構なレシピ本になるものです。渋々やっているのを知っている私は、教育相談のときにはこの調理記録ノートの内容をベタ褒めしました。また、お母さんには「将来、これがもっとオリジナルな感じになっていけば、ノアくんのレシピ本として出版できるかも知れませんよ」などとおだてました。

そうやって、少しずつこの調理記録のページが増えていくと、それだけでも楽しくなってくるものです。

コレクションというものは、好きだからためるのではなく、ためているうちに好きになるものなのです。これ、名言。

無理なところは許容していきました。特に、デジタルカメラのステップだけはかなり面倒（食べる前に撮影すること、デジカメプリンタでプリントアウトすること）なので、そこは本人が思い付いた「作った料理の絵を描く」ことでもよしとしました。これで、かなり楽になったことでしょう。

中学生時代には、小学生の頃から指導を続けてきた買い物スキルや金銭管理スキルなどとつなげて、「食材を買いに行く、調理する、食べる（シェアする）、片付ける（洗う）」といった、自立に向けての一連の食生活の流れを習慣にするまで支援することができました。

だけど、お小遣いはほどほどに!?

さて、ノアくんが中学3年生の夏のことです。ノアくんが、祖父母の家にお見舞いに行ったとき（電車に乗って1時間以内でひとりでも行けるのです）のエピソードを紹介しましょう。

その日、ノアくんのおばあさんはちょっと風邪をひいて横になっていたんだそうです。

「ぼくが料理を作ってあげます」

そう言って、ノアくんはレシピ本を参考に食材の買い出しと料理を始めてくれました。

祖父母の家で調理するのは初めてだったそうですが、およそ自宅の調理器具と同じだったようで、おじいさんによれば「かなり手際よかった」とのこと。見事に「海鮮丼」と「うしお汁」を完成したそうです。

おじいさんとおばあさんは、そりゃあもう感激したのでしょう。ノアくんは「お小遣い2万円」をもらって帰宅したそうです。

次の教育相談の日に、このエピソードをお母さんから聞いた私も感激しました。

私は、お母さんに、

「すごいですよね、ノアくん。ピザトーストしか作れなかったただの食いしん坊が、ここまでできるようになるとは。将来、シェフになるべきですね！」

と、言うと、

「いやあ、私もノアが自分で料理を振る舞えるようになるなんて、思ってもみませんでした」

と、感慨ひとしおのお母さん。

「しかし、おじいさんは嬉しすぎたからって、2万円は渡しすぎでしょう！」

「そうなんですよね～」

「これからは、普通の料理屋さんが取る料金くらいにしてあげたほうがいいですよ」

「そうですね、これからは世間一般と同じ感覚でいきます」

などと話し合いました。

ノアくんにも、

「ノアくん、すごいやん！　海鮮丼とうしお汁？　うしお汁って何？　どんなん？」

と、聞くと、

「鯛《たい》を使いました、あとダイコンとニンジンとネギも」

と、ノアくん。

「いやあ、今朝もコンビニのサンドイッチだった奥田先生にはそれはうらやましい。

おじいさんもおばあさんも喜んでいたでしょ!」

「お小遣いをたんまりもらいました」

と、嬉しそうに思い出すお茶目なノアくんでした。

本日の特選素材
瀬戸内海産 鯛

10 感動&爆笑の口上手!

トイくんの話

次なる主人公は、個性的なおしゃべりが印象的なトイくんです。高機能自閉症と診断されているトイくんですが、4歳のときに私のところに相談に来て、小学5年生になる現在に至ります。高機能自閉症といえばそうかもしれませんが、別の医療機関ではまた別の診断名が出そうな男の子です。

おおよその自閉症の子どもたちと同様、トイくんにも偏った興味がありました。電車と駅名についての知識は豊富なのですが、その他のことについては「もう少し自閉症の子らしくオタクっぽさを出してよ」と親御さんも思うほど、無関心というか知らなさすぎて「ちょっと珍しいな」と思う子でした。

たとえば、コンビニエンスストアの種類とかガソリンスタンドの種類など、2、3

個は言えるであろうと思いきや1個も言えなかったり、クラスメイトの名前がほとんど言えなかったりします。

それでも、トイくんはかなり多弁なほうです。ひと言で表現するならば、「大人びたしゃべり方」をする子なのです。

そんなトイくんとの会話をいくつか抜粋して紹介しましょう。

坂本違い

奥田「今、大河ドラマでもやってるよね。トイくんは、見てますか？『龍馬《りょうま》伝』。坂本龍馬が主人公のやつやで」
トイ「あぁ、あれね。はい、はい。……見てないよ」
奥田「『あれね、はいはい』って言って、見てないんかい!!（苦笑）坂本龍馬は知ってる？」
トイ「サカモトリョウマ？」
奥田「有名な歴史上の人物やで」
トイ「あぁ、あの人かぁ！」

奥田「え、知ってるの?」
トイ「えと確かぁ……飛行機の事故の?」
奥田「……それは……坂本九ちゃんや!(苦笑) ちゃうよ、江戸の幕末に活躍した土佐藩出身の武士やで。ちなみに音楽家じゃないからな! よくそんな古いニュース、知ってるなぁ」
トイ「あ、そうか、そうか」

ほとんど漫才みたいなのですが、まったく台本なしで、トイくんは本気ですから、逆にすごいなと爆笑&感動しました。

それにしても、トイくんのリアクションは「あぁ、はいはい」とか「あれかぁ」とか、営業マンみたいなテンションで、本質的な部分を除いてはほとんど大人の言い回しと変わりません(文字でこの営業っぽいテンションが伝わりにくいのが残念)。

ちなみに、漫才といえば私はボケを担当したいほうなので、相手にここまでボケられてしまうと立場がないです。仕方がないので、トイくんとの会話ではツッコミ役をやるしかないわけです。ツッコミながら、ツッコミ内容にツッコミを入れてもらえるようなリアクションを目指すのが、ささやかな私の抵抗です。

暗殺について

実は、さっきの「坂本違い」には続きがあります。

奥田「坂本龍馬は若くして暗殺されたんやで」
トイ「うん、うん」
奥田「いや、暗殺とかって知ってるの？」
トイ「えーーっと、……仕事人？」
奥田「おおぉ！　すごい、必殺仕事人とか知ってるんや！」
トイ「詳しくは分かんないけど」
奥田「暗殺されてみたい？」
トイ「まだされたくないかなぁ」
奥田「（爆笑）まだって！」

この後、「仕事人のお仕事」と「暗殺」について真面目に解説したのでありました。

オーロラ

別の日のことです。

奥田「じゃあ、珍しい自然現象について。まず、オーロラって知ってるかな?」
トイ「オーロラ? ……あ! あぁ、あぁ。あれかぁ!」
奥田「知ってるん? オーロラやで?」
トイ「うん、知ってるよ。ときどき見るよ」
奥田「いやいやいやいやいや(苦笑)。一生に一度でも見られたら幸せやで」
トイ「あぁ、そっかぁ!」
奥田「オーロラってのは『光のカーテン』です」
トイ「なんだぁ、カーテンの仲間かぁ!」
奥田「いや、光のカーテン。本物のカーテンではなくって、空に虹が見えるみたいに、ああいうののカーテンみたいに見える自然現象やで。ソースでもなければ野球場にある大型ビジョンでもないで」

このあと、辞書を開きつつオーロラについて真面目に話し合ったのでした。それにしても、オーロラを「あぁ、ときどき見るよ」って……。アラスカ在住か？

ドザエモン

奥田「こないだ、坂本龍馬とか暗殺のことについて話したよねえ。時代劇なんかの話をしたでしょ？」
トイ「あぁー、あれね」
奥田「そぉー、それや（笑）」
トイ「暗殺されたらどうなるんだっけ？」
奥田「そりゃ、死体になって川に流されたり捨てられたり」
トイ「ポイ捨てかぁ」
奥田「タバコやないねんから！　人間、ポイとは捨てられへんよ。人間だもの。重たいのを運んで捨てられて、それでドザエモンになって発見されるのがオチやろ」

トイ「ドザエモン?」
奥田「猫型ロボットとちゃうで!(笑)」
トイ「あぁ、ドラえもん?」
奥田「いやいやいや、ちがうって。今、マイナス4秒前にツッコミ入れといたやん。だから、ドラえもんじゃなくて、ドザエモン。21エモンでもないで」
トイ「そっか、そっか」

このまましばらく時代劇の話やら、ドザエモンってどうしてドザエモンって言うようになったのか、改めて考えたら私も知らないことに気付いて、ふたりで話し合った次第です。ついでに、ドラえもんの主題歌の「ドラえもん」のところを「ドザエモン」に替えて、替え歌を歌っておきました。

ミロのヴィーナス

また別の日。有名な芸術作品について話し合っているときのことでした。

奥田「おぉ！　モナリザは知ってるのか！　えらいやん」
トイ「テレビで見たことあるよ」
奥田「じゃ、ミロのヴィーナスは？」
トイ「確か、有名な飲み物じゃなかったっけ？」
奥田「それは『ミロ』やろ！（苦笑）　ミロは骨に元気な麦芽飲料や!!　先生が言うたのは『ミロのヴィーナス』や。ちゃんと『のヴィーナス』も入れて考えてよ（笑）。『ミロのヴィーナス』やで？」
トイ「あぁ、あぁ、慌《あわ》ててしまった（照れ笑）。ミロのヴィーナスとは……知りませんでした」
奥田「……彫刻です。有名な彫刻作品のひとつです」
トイ「へぇ、そうなんだ」
奥田「もしかして、モナリザも……まさかモナリザも？　あのね、モナリザって、元アナウンサーとかと思ったりしてる？」
トイ「テレビに出てる人でしょ？」
奥田「（まさかと思いっつつ）どんな顔をしてた？」

トイ「笑ってたかなぁ」
奥田「（質問が悪かったなと思いつつ）んーと。どんなテレビ番組に出てた？」
トイ「えーと、バラエティー番組？」
奥田「（やっぱりかと思いつつ、まだまだ質問が悪いなと思いつつ）えーとね。……そうや。そのモナリザはしゃべってた？」
トイ「しゃべってたよ」

同室の親御さんと私は苦笑するしかありませんでした。もちろん、そのあとトイくんの知っているモナリザ（というか、山本モナさん）と絵画作品のモナリザは違うんだよ、「That is completely different」なんだよって、じっくり話し合いました。
モナ違いも甚《はなは》だしい。

ファセットブロック

もうひとつ紹介します。なんだか、トイくんの知らないワードを私がわざと使って話してしまう傾向が出てきました。その割に、いかにもなボケをかまされないように、かなり先回りしてボケブロックしてしまっています。

奥田「奥田先生な、こないだな、人生で初めてファセットブロックってのやってもらってん」

トイ「ふぁせっとぶろっくぅ？」

奥田「ゼペットじいさんとかじゃないし、セッターのブロックでもないし、ましてやレゴブロックセットでもないよ」

トイ「それじゃあ、何なんですか？」

奥田「よくぞ聞いてくれました！　首の治療です。かなり痛いんやけどね。事故の後の後遺症でね。首の痛みを取るためにやってもらう治療が痛いのなんのって。でも、その後に少しよくなるんよ。で、そういう治療やら検査やらに、ファセットブロックってのがあるんやで」

トイ「……はい」

奥田「興味ないいんかーーーーい！（苦笑）」

まあ、こんな感じでいつも漫才みたいな会話になってしまうのです。私もあえて漫才になりやすいように、わざとフリやノリを長くしてみたり、トイくんの知らない言葉を使ってみたりしています。

意図的でないならば、セラピストとしては下手くそな話術に見えるのですが、意図的にやろうとすれば逆に少しテクニックが必要です。

その1か月後。トイくんが小さな紙袋を渡してくれました。

奥田「なにこれ?」
トイ「使ってください」

中に入っていたものは、痛みを取るための首に貼るシールでした。

奥田「ありがとう、トイくん! フジツボのように首に貼っておくわ」
トイ「ふじつぼぉ?」

……。

しばらく、いつものような会話が続くのでありました。

お母さんがトイくんと話し合って、「奥田先生に使ってもらおうね」と買い物に出かけたのだそうです。

なんか優しいね。ありがとう。

11 お友達を叩くなら、むしろ外へ連れ出して！

サトちゃんの話

次にお話しするのは、アスペルガー障害と診断されていた4歳のサトちゃんのことです。サトちゃんは、「すぐに叩く」「押す」「噛む」などの攻撃行動が目立っていて、お母さんは「叩かれてあまりに痛いときだけ、叱ります」と言っていましたが、ずっと効果は出ませんでした。幼稚園でも、ほんのわずかなことでもサトちゃんが気に入らなければ攻撃行動が出てしまうので、退園させられてしまいました。

新しく入った幼稚園でも同じことがあり、クラスメイトの子の肩を噛んで歯形を付けてしまった後、サトちゃんのお母さんは相手と幼稚園側に平謝りし、園を休ませることにしました。

そんな状況で、私のところに教育相談の申し込みがありました。5歳前だったのですが、親の判断で「不登校（登園拒否）」にさせている状態。

初診では、お母さんが私に話をしているときには、常にサトちゃんがお母さんに話しかけまくるという、よくあるパターンが見られました。そして、お母さんも私との話の最中だろうと、子どもの話しかけに対して常に何らかの応答をするという、これまたよくあるパターンです。

噛みつくだの叩くだのといった攻撃行動は、初診で見ることはできませんでしたが、それがしょっちゅうあるというのも、お母さんが「子どもペース」にはまっているのを見れば頷けます。

「お母さん、叩くとか噛みつくという行動を直すことは、実はそんなに難しいことではありませんよ」

「しょっちゅうあって、外出させられないくらいなのですが……」

「それでも、直せます。そのことよりも、大きな問題なのは、お母さんがサトちゃんに常に振り回されていることです」

お母さんの自覚している娘の攻撃行動よりも、お母さんが自覚していないお母さん自身の行動パターンについて、気付いてもらう必要があったのです。

別に珍しいケースではありません。多くの親や教師が、真面目に子どもの言動に対応すればするほど、知らず知らずのうちに「子どもペース」に振り回されているのです。

「子どもペース」に振り回されない

ちょっとした例を挙げてみましょう。

子どもが弟の絵本を持ち出してきて、「この絵本、破っていい?」と聞いてきたとします。これに対し、お母さんが「なんでそんなかわいそうなことをするの?」というリアクションを取ると、子どもの仕掛けに乗ってしまうことになります。

厳しく「だめよ!」と叱るのも、子どもの仕掛けに乗ってしまっています。「かわいそうだから、やめてね」と言うのもそうだし、「そんなことをしたら、お兄ちゃんの絵本も破るからね」と言うのもそうです。叱ろうと、なだめようと、説得しようと、脅そうと、すべて子どもペースに振り回された対応と言えるでしょう。

では、子どもペースに振り回されない対応とは、どういうものでしょう。その答えは、「今やっていることを止めずに続ける」です。

お母さんがアンパンマンの絵本を読んであげているときに、唐突に「この絵本、破っていい？」と聞いてきても、そのままピクリとも反応せず、ひたすら絵本を最後まで読み続ける。たとえ子どもがしつこく同じ質問を繰り返しても、絵本を最後まで、棒読みでも構いませんから、読み続けるということです。

ときどき、「無視すればいいということですね？」と言う人がいますが、まあ意味合いとしてはその通りですけれども「無視すればいい」という助言だけでは、実際にはできない人のほうが多いように思います。

これには、ちょっと練習がいるのです。大学院生でも、練習していない人はできないまま専門家になっていますし、きちんと教えて練習機会まで提供してあげた場合にできるようになってきます。

タカラジェンヌ式移動法

サトちゃんの初診のときの話に戻ります。私は、お母さんがサトちゃんの仕掛ける言動に常に振り回されていることを具体的に指摘し、それを直す方法を説明しました。「タカラジェンヌ式移動法」と名付けている、タカラジェンヌの遠い目線を使う関わり方です。

いくら注意をしたって、言い聞かせたって、逆効果になる場合が少なくありません。注意や注目を与えないようにと言っても、どうしても関わるしかない場合に使います。

タカラジェンヌは、恐らく客席方向に目線を落とさずに、劇場の2階席に見える非常口ランプを見て台詞を言うはずです（と、勝手に想像しているのですが）。お母さんは子どもの顔を絶対に見ないようにして、子どもの腕を取り、何も声掛けをせずに母親から離れた子どもの大好きな遊び場へ連れて行って寝転がらせます。狭いところに閉じ込めるのではなく、遊び場へ連れて行くのです。

「ここで遊んでいなさい」という声掛けもだめ。そのまま、お母さんは今やるべき仕事に戻るのです（この場合、私の話を聞いてメモを取り続ける）。

どうせ、子どもはまた怒ってお母さんのところに来るのですが、何度でもまったく同じ方法で繰り返します。やらなくなるまでずっと、です。

お母さんの同意を得た後、まずは私が見本を見せました。

実行する前に、「今までお母さんがやったことのない方法で、サトちゃんも体験したことのないような方法なので、見たことのないくらい泣きわめき暴れることでしょう」「ただし、一定時間を経過すると必ず乗り越えるチャンスが出てきますので、根比べです」と伝えました。結果、私が説明した通りにしばらく泣き叫んだサトちゃんですが、初診の途中からひとりで遊んで待てるようになりました。叱りゼロで体罰ゼロの方法です。

賢くひとりで遊んでいたものですから、最後の5分ほど、サトちゃんと一緒にシール貼りの遊びを行いました。

とても、嬉しそうにやってくれました。

そのときは当然、「タカラジェンヌ式移動法」ではなく「よしもと式お客さんとの会話法」です。きちんとサトちゃんの顔を見て話しかけるのです。

外に出さないのは解決にはならない

2回目の教育相談では、さらに別の問題に踏み込み、お母さんの判断で幼稚園を休ませていることが問題だと伝えました。

お母さんは、幼稚園だけではなくて、近所の公園やスーパーに連れて行くのも止《や》めにしていました。一度、公園にいた小さな子を突き飛ばしてしまったからだそうです。

つまり、お母さんの判断は「この子が他人に危害を加えないようにするためには外出させないのが一番」というものだったのです。それだけでなく、もしかしたら「暴力を振るうから、あなたの外出の機会をなくしますからね」という懲罰的な意味合いもあったのかもしれません。

いずれにしても、「そんなことは本質的な解決には役立たないし、ひたすら学習の機会を奪うだけでモッタイナイことです、明日から幼稚園にも行かせて公園にも連れて行ってください」と伝えました。

お母さんは、非常に狼狽《ろうばい》していたように見えましたが、もし外出先で攻撃行動が出たらどういう対処をするか、具体的なケース別シミュレーションもお話ししました。もちろん、家の中で起こる攻撃行動への対応も説明しました。

お母さんが「できそうだな」と思えるまで、この日はひたすらそれをお話しし、少しお母さんとお祖母さんを相手に実施方法を練習しました。レンくんの話でも出てきた「タイムアウト法」です。

3回目の教育相談のとき、お母さんは私の伝えた通りに、思い切って登園もさせて外出機会を元のレベルに戻したとのことでした。心配性気味のお母さんでしたが、よく踏ん切ったと思います。

案の定、攻撃行動も数回ありましたが、そのときは私と練習しておいた通りのことを実行したそうです。

ですから、私の指導前、1か月で起こっていた回数からすると激減しています。このときのメールには、こうありました。

この1週間は、娘は新しいお友達とうまくいかないようで、行きたがらなくなって、微熱を出してお休みしています。

いい幼稚園なのですが多少不安材料がありますので、次回、先生にもご相談したいと思います。

「叩く」「噛む」に関しては、奥田先生に教えてもらった方法で「叩く」「噛む」などが起こっても、スムーズに納得するようになりました。先生と出会う前に比べて奇跡のようです。

次回もよろしくお願いいたします。

トラブルを起こさないではなく、トラブルにどう対処するか

4回目の教育相談以降、幼稚園に行くようになったものですから、当然のように外でのトラブルが増えてきます。それぞれ、どういう行動なら大丈夫で、どういう行動は修正するべきか方向性を伝えつつ、具体的な関わり方も教えていきました。

大切なことは、そういうトラブル場面が起きないことではなくて「トラブル場面でどう対処するべきか」です。子ども自身が対処法を身に付けなくてはなりませんし、そのためには周囲の大人の対処が重要となってくるのです。

そのためには、前提としてトラブル場面が無ければ練習にならないでしょう？　だから、「外出させましょう」と助言したのです。

5回目の教育相談後の、お母さんからのメールで結びとします。

先月は、お忙しい最中に来ていただきましてありがとうございます。

数々の問題はありますが、先月の先生のアドバイス以降、私もいろいろと考えることがありました。それに連れて、サトの状態がいい方向に向かっているような気がしています。

目的が決まっていると、10分から15分と待つ時間が少しずつ増えてきましたし、かんしゃくも相変わらずですが、大きな声でわめくことの数が減ってきています。幼稚園は、心配しておりましたが友達が2～3人できて、楽しく追いかけっこしているようです。

何より、先月から今月にかけて「噛む、叩く」は外、家を問わずゼロになりました。

今日、突然、サトが「奥田先生はどこに住んでいるの？　奥田先生、一番好き」と言ったので驚きました。

それでは、今月もお忙しいと思われますが、よろしくお願いいたします。

家にずっと閉じ込めていた頃のことを忘れるくらい、今やサトちゃんはお母さんと楽しそうに外出できる子になりました。

タカラジェンヌ式移動法

よしもと式お客さんとの会話法

12 早起きはサーモンの得?

テラくんの話

自閉症といえば「こだわり」が強い――よく言われることですが、テラくんのことを通してそのテーマを考えてみたいと思います。

初診はテラくんが3歳になった頃でした。言葉は一時期、一語文程度は出ていたそうですが、その頃には消えていて、親にも理解できない無意味な発声や奇声ばかりが目立つ子どもさんでした。

それよりも、当時は両親（特に母親）に対する暴力がひどくて、両親ともに手に負えない「かんしゃく小僧」でした。こだわりも目立ち、ひどいときは自分の頭を床に打ち付けるなどの自傷行動も見られました。地元の児童精神科で「知的障害を伴う自閉症」と診断された後、私のところを訪ねてきたのでした。

暴力や自傷行動については早めの年齢で来てくれたこともあり、ご両親の理解と協力があったため、2か月ほどで完全にゼロになりました。言葉の遅れについても、行動障害が完璧と言えるほどに治まった頃から急速に伸び、5歳過ぎには、通常学級に入れると言われる程度まで成長しました（テラくんの場合は、両親の希望で通常学級には入らず特別支援学級に入学しました）。

4歳頃には、行動・情緒面で驚くほどに落ち着いていたものですから、毎回の教育相談で、お母さんは「気になることは、特にありません」と、ちょっと拍子抜けの感じになっていました。私が、「でしたら相談を終わりにしましょう」と言うと何かしら挙げてくれるのですが、私にしてみれば「どれも可愛いらしい問題というか、あまり問題とは言えませんね」というものばかりでした。

「こだわりが強い」は直すべき？　親が何を問題と思うかがまず問題です

お母さんが挙げるのは、「こだわりが強い」「独り言が多い」のように、自閉症の子どもの本質的な特徴についてでした。暴力という大きな行動障害が落ち着いた後ですから、こうしたお母さんは少なくありません。

しかし、こだわりが強いのなら弱くなってほしいのか、独り言が多いのが気になるから独り言が少なくなってほしいのか。では、どんな子になってほしいのか。こういうことを、よくよく考えてみる必要があるのです。

それに、「こだわりが強いこと」と大まかな表現でこれを問題とすると、いろいろ不具合が出てきそうです。

たとえば、「他人のメガネを叩き落とすことにこだわる」行動ならば、それを繰り返すときに「こだわりが強い」と悠長なことを言っていられません。できるだけ早期に相談するべきでしょうし、ある程度の年齢ならば医療的ケアや福祉サービスを求める必要もあるでしょう。それは行動障害だからです。

でも、順番にこだわりがあるというのならば、将来的にはその特長を生かした支援によって、仕事や料理ができるようになったり、地域社会での活動に参加しやすくなったりすることもあります。

また、「独り言が多い」というのもボリュームの問題と考えるべきです。授業中や電車の中で叫ぶような独り言ならば問題になるかもしれませんが、ブツブツつぶやく程度のものならばあまり問題にはならないでしょう。そういう人はときどき街の中で見かけますし、実は私たちだってかなり小さなボリュームで独り言を言っているようなものなのです。最小のボリュームはゼロであって、それは頭の中で何かを考えるという思考活動であるとさえ言えます。

これらのことを、私はいつも親御さんに伝えることにしています。親御さんもいろいろで、自閉症のわが子の「変」なのが生理的になかなか受け入れられずに苦しんでおられる方もいます。

そういう親御さんも、長いお付き合いのうちに自閉症のわが子の「変」なところを受容できるようになり、むしろそこが大好きになっちゃったということもあるのです。

生活習慣を正すには、まず生態学的調査から

テラくんのお母さんもそのひとりです。

テラくんが小学1年生になった頃のことです。お母さんは、

「とにかく朝、寝起きが悪いのが困ります」

と、相談を持ちかけてこられました。可愛らしい他愛のない相談事で、簡単に直せます。

私は、

「お母さんは『寝起きが悪い』と一般的な表現をされますが、そりゃ分かりますけれども、寝起きだけに注目すべき問題じゃないんですよ」

と、答えました。ついで、

「とりあえず、1か月間ほど、1日の活動表を記入してきてください。通常、30分単位くらいで構わないのですが、朝だけ別の表に5分単位で詳細に記入してください。具体的には、何時何分に起きて、何時何分にトイレに行って、何時何分に歯を磨いて、何時何分に着替えて、などなどです」

と、記録を付けるように伝えました。

これは本当に大切なことです。専門用語では、「生態学的調査」と呼ばれる作業で、それぞれの子どもや家庭によって取り巻く環境も違えば、そこで起きる行動もそれぞれ。寝る時間、食べる量、遊びの種類、他者との関わりなどなど。それらを調べ尽くすのです。

「寝起きが悪い」と言っても、それぞれの子どもの生態は異なります。家庭によって子どもの寝る時間や起きる時間、遊ぶ時間や食べる時間、平日や週末の過ごし方など、いろいろなのです。

「寝起きが悪い」を直そうとしない

さて、テラくんの場合ですが小学校に行く日は7時に起床させていました。家を出るちょうど1時間前ということです。一方、学校のない週末などは、8時か9時くらいに起床していました。

お母さんは、

「週末くらいはゆっくりさせてあげたいと思って。平日は学校があるから寝起きが悪かろうと、大変でも起こしています。結構、親としても機嫌が悪くなるのに付き合うのが大変なので、つい放っておいてたんですよね」

と、ばつが悪そうでした。

寝起きが悪いのをどうするか。それが相談テーマだったわけですが、お母さんには次のことを考えてもらうことにしました。

「寝起きが悪いのは仕方がないですよ。それで、寝起きをよくする方法をと言われても、私はそんな方法は知りません。でも、寝起きは悪いけどもその時間帯を短くすることは可能です」

結局は、「寝起きがよくなる」とも言えるわけですが、そう考えるのではなくて、とにかく「寝起きが悪いのは仕方がない」と割り切ることが第一歩です。

テラくんの1か月ほどの生態学的調査の結果を見ながら、お母さんにいくつかの提案をしてみました。

①出発1時間前起床ではなくて、2時間前起床を目指しましょう
②それに伴って、入眠時間を1時間、早めましょう
③それに伴って、入浴時間を1時間、早めましょう
④それに伴って、夕食時間を1時間、早めましょう
⑤学校に行かない休日だろうと、起床時間を毎日同じにしましょう
⑥朝にしかできないお楽しみ活動を導入しましょう
⑦最初は強引にでも起床後すぐに次の活動に移行させましょう

お母さんは、

「なるほどー。寝起きが悪いということばかりで思いつきもしなかったですが、むしろ逆に早めに起こすということですね」

と、半信半疑というよりも、「さあ、大変だ」という感じのようでした。

私は、

「最初から言っているように、寝起きが悪いのは仕方がないと思って、思い切って早寝早起きスタイルに変更できるかどうかですよ。これをやり始めてしばらくは、今までよりも寝起きが悪くなる印象を持つでしょうが、1か月だけ思い切って毎日やってもらえませんか。どうせ今のままでもそれなりに十分大変なんでしょうから、ちょっとの期間だけもう少し大変な目に遭《あ》うのを覚悟して、そしたらその先に必ずよくなるとイメージできるのなら、ぜひやってみてくださいよ」

云々《うんぬん》と、お母さんを説得してみました。

すでに、ここまで数年以上の支援歴を持つ関係だったので、お母さんは踏ん切りが付いた様子でした。

「やってみます!!　できそうな気がしてきました！」

⑥の「お楽しみ活動」については、お母さんと話し合った結果、テラくんが大好き

な仮面ライダーのＤＶＤを観られることにしました。ＤＶＤは、その日からは朝専用ということにしてもらいました。つまり、夕方などに見せることは制限し、朝7時15分から約30分間だけＤＶＤを上映することになったのです。ただし、7時15分に間に合わなければＤＶＤ視聴なし。

これはなかなか効き目がありそうです。

親御さんのよくばりは大歓迎です

やってみてもらうと、たった2日で、朝起きてから1時間くらいだった不機嫌な時間帯が、起床後5分～10分程度の不機嫌モードで済むようになったというのですから大成功です。お母さんが楽になったことは間違いないでしょう。でも、親というものはいい意味で「よくばり」なものです。

「おかげさまで、すごく朝、楽になりました。でも……」

このように「でも……」が付くのです。まあ、しかしこうしたリクエストのおかげで、子どもも臨床家も成長できる場合がありますので歓迎ですけれども。

詳しく状況を聞くことにしました。

「朝、もっとすんなりと起きてくれないものでしょうか。ＤＶＤをお楽しみにしていても、まだどうしてもぐずって時間に間に合わずに、ＤＶＤが観られない日がたまにあります」

私は、

「お母さん、それはしょうがないわ。まだ小学1年生ですよ。私なんか、朝の寝起きなんかもっとひどいし、もっと時間がかかってますし。それでも寝坊しないためのアイデアをいろいろ駆使して、なんとか寝坊せずに社会人やってるんですよ。だから、小学1年生のテラくんにはまだまだ家族のフォローがあっても全然おかしくないですよ」

と、言いつつも、サービス精神旺盛なものですから、次のような提案をしてみました。

「じゃあね、お母さん。まあ、このひとりで起きるって課題は、もうちょっと大きくなってからということを前提に、今やれることをひとつだけ提案しますよ。いや、大したアイデアでもないし、そんなに即効性はないかもしれないけどね」

こう言って提案したのは、目覚まし時計の導入です。こんなものは誰でも思い付きそうなアイデアですが、使った目覚まし時計は、「仮面ライダー目覚まし時計」というやつです。

「お母さん。仮面ライダーとかウルトラマンのキャラクターがしゃべってくれる目覚まし時計ってのが売ってますから。それを使って、朝からDVDまでの流れを少しだけ変えてみませんか。今はだめでもいいから、やるだけやるならこんな程度でしょ」

次のような具体的なヒントも提案しました。

①仮面ライダー目覚ましは部屋を出たところにセットしておく
②枕元に置いてあるいつもの目覚まし時計を最初に鳴らせる
③仮面ライダー目覚ましを二番目に鳴らせる
④仮面ライダー目覚ましのところにライダーシールと台帳を置いておく
⑤仮面ライダー目覚ましのボタンを押して台帳にシールを貼る
⑥リビングに移動する
⑦時間に間に合っていればDVDを視聴できる

こんな流れを、お母さんとの話し合いを元に作成しました。もちろん、細かいプロンプトーフェイディングの技法（一気に部屋の外の目覚まし時計まで引っ張っていくことから始めて、徐々に自分で部屋の外に行けるようにしていく援助方法）も、お母さんに伝えました。

このアプローチは思ったよりもすんなり受け入れられて、これまたすぐに効果があったということでした。私からすれば、小学校の高学年くらいか中学生になってからくらいでもいいかなと思っていた課題ですが、テラくんは「早起き少年」になったようです。

寝起きが悪い子から、家族一の早起きに

その当時、お母さんからいただいたメールです。

いつもありがとうございます。先日ご指導いただいた仮面ライダーの目覚まし時計ですが、すごく効き目がありました。朝から仮面ライダーの声を聞いてテンションが高くなって、不機嫌モードはほとんど見られません。

仮面ライダーのシールを貼ることも大喜びでやっています。このシールを貼るまでの流れも、いずれはテラ自身で自己チェックできるようにできたらいいなと思います。シールを渡すタイミングも、奥田先生の仰っていたように、絶妙なタイミングを見計らってという部分で簡単ではなかったのですが、意識的にそこは気を付けられたのでうまくいったのでしょう。

朝からテラの不機嫌な様子を見るのは毎日しんどいことでした。親としては本当にありがたい成長だと感じます。

テラ母

この目覚まし時計の介入のことが先日、テラくん（現在は小学校高学年）の教育相談のときにふと話題に出たのですが、お母さんが言うには、

「今もまだ仮面ライダーの目覚まし時計を使っていますが、どちらかというと多分、

生活習慣はよすぎるほどで、週末もきちんと早起きして、自分で選んだＤＶＤを観ていますよ。私たち親よりも早起きする日もあるので、朝当番というのをやってもらうことにしました。雨戸を開ける当番とか、洗濯物をたたむ当番とかです。今度、朝食当番とかもやってもらおうかと考えているんですよ」

「寝起きが悪い」と言われていたテラくんが、ここまでいい感じになるとは嬉しい限りです。

私がテラくんに、

「やるやん、すごいなぁ。朝ご飯とかって卵焼きとか焼き魚のサーモンとか、そんなんも作れるようになったらすごいね！」

と言うと、

「朝ご飯はパンです」

と、テラくん。

「いや、そっちの意味じゃないんやけど……」

と、苦笑する私とお母さんでした。

私も朝はパンがいいです。

13 「合言葉」の活用で生活向上

タスキくんとアカネちゃんの話

実践的に役立つであろうエピソードを2つご紹介したいと思います。

読者のみなさんも、「あ、そういうの使ったことある！」と思うかもしれません。それでも、2つの違ったやり方を紹介しますので、「へぇ、そんな使い方もあるのか」と思っていただける好例になるのではないかと思います。

忘れ物をなくせ！「タスキくん」への支援

タスキくんは、小学3年生の男の子です。3歳から支援を開始していましたが、その当時は広汎性発達障害（自閉症）と診断されていました。両親に対する激しい暴力が頻繁に見られましたが、それは支援開始後、1か月程度で完全にゼロにしておきました。

それからというもの、いわゆる「お勉強」も大好きになり、遊びもクリエイティブで、みんなに可愛がられる子どもになりました。知的能力も年々大幅に伸びてきて、小学校入学前には知的水準が平均よりやや上くらいになり、通常学級適応レベルとされました。

小学校入学後も、机上での学習習慣が身に付いており、どちらかというとクラスの中で「扱いやすい子」「いい子」と位置付けられていました。

そのせいで、逆に学級担任からは「特別な支援などいらないんじゃないですか？」と言われることもあり、タスキくんのお母さんとしては「評価はありがたいけど、それでは困る」という心境だったようです。

そんな状況で、いつものように「最近、何か気になることはありますか？」と聞いたところ、「忘れ物が相変わらず多いことです」とのことでした。これまた、誰にでもよくある問題です。しかし、よくある問題だけに自分で考えても他の先生に相談しても、「どうしていいのか分からない」「しっかり注意して気を付けさせるしかない」といった回答ばかりでした。

そこで、私が提案したことは「合言葉」の活用です。これなら、子どもをむやみに叱る必要がなくなりそうです。

たとえば、学習塾に行く前に「すいか・わ・り」と言いながら、持ち物を指さし確認するのです。この場合、「Suica（ＩＣ付き定期券）、ワークブック（学習塾で使う教科書1セット）、りんご（携帯電話：アイフォーン携帯のロゴマーク）」を確認します。それぞれの持ち物（マーク）の頭文字をつなぎあわせた言葉が「す・い・か・わ・り」。

人によって、あるいは場面や状況によって違うので、これらは対象の人に合わせてオーダーメイドにします。

合言葉はチョイスが大事

タスキくんのお母さんに、こうした合言葉の活用事例を紹介し、タスキくん用にも考えてきてもらいました。お母さんは家に帰って考えて、次のような合言葉にしてくれました。

「はんていらんぼう（判定乱暴）」……これは、学校に行くときの毎朝の合言葉です。持っていく物は、「ハンカチ、定期券、ランドセル、帽子」です。

「うそ・はんていらんぼう（嘘・判定乱暴）」……月曜日の登校前は、こうなるのだそうです。持っていく物は、「うわばき、そとばき、ハンカチ、定期券、ランドセル、帽子」です。

「ケイタ・メガ・ステーキ」……これは、スイミングに行く前の合言葉です。持っていく物は、「携帯電話、メガネケース、水泳道具、定期券」です。

いずれも見事な合言葉になりました。

タスキくんはこの合言葉を大喜びで覚えたそうです。玄関を出る前に、合言葉を言いながら持ち物確認。

それも喜んでやるようになりました。

その結果、介入した3つの場面については、すべて忘れ物は一度もなくなりました。お母さんがタスキくんに忘れ物を指摘することが、ゼロになったのです。

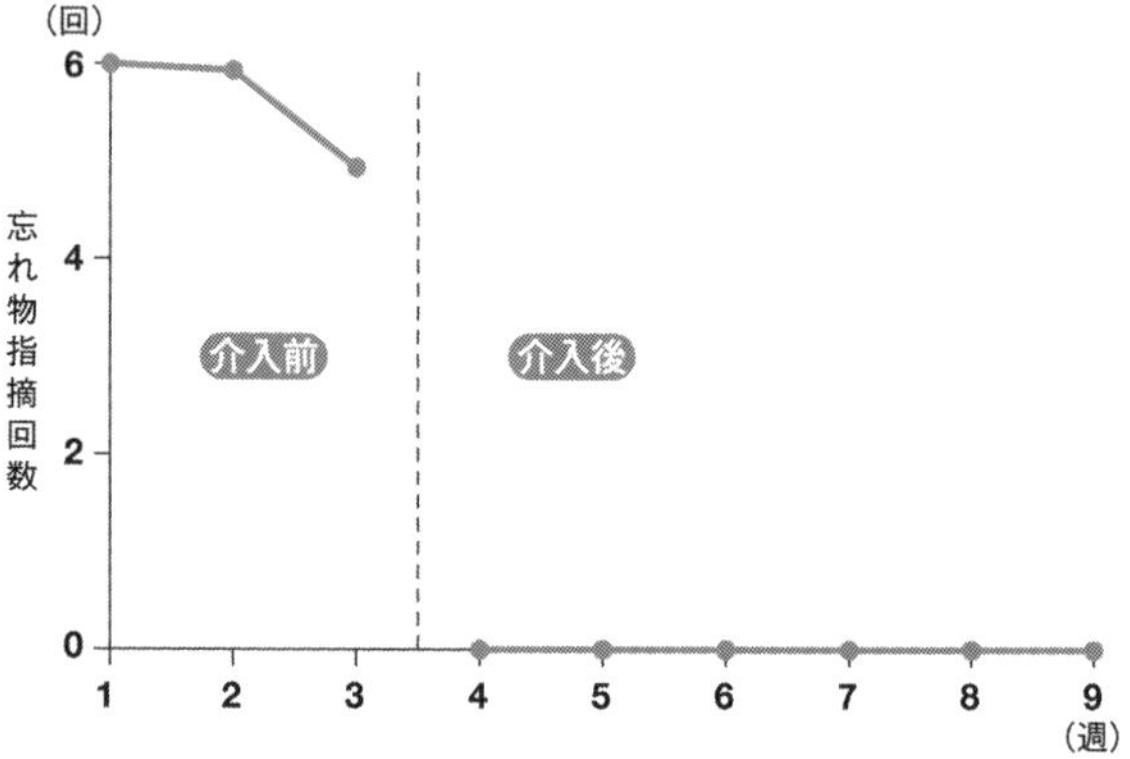

タスキくんのお母さんによる忘れ物指摘回数の推移

2か月後、教育相談のときにお母さんからこの成果についての報告を受けました。

お母さんが、「これを始めてから、今のところ一度も忘れ物をしなくなりました」と言うので、私は心底感心。

「すごいですね、それは。きっと楽しそうにやってるんでしょうね！」と答え、タスキくん本人にも「タスキくん、すごいやん！朝は何て言うの？」と聞くと、笑顔で「はんていらんぼう！」と答えてくれました。

「じゃあ、月曜日の朝は？」と聞くと、「うそ、はんていらんぼう！」とドヤ顔。

「じゃあ、スイミングに行くときは？」と続けると、「ケイタ、メガステーキ！」と得意顔です。

合言葉のチョイスもすばらしいのですが、本当にその子どもにピッタリとはまると、こんなものです。

ポケモンのキャラを覚えるようなものです。あるいは、ビートルズの『オブラディ・オブラダ』です。

ボヤキから登校拒否宣言へ 「アカネちゃん」への支援

アカネちゃんは、中学2年生の女の子です。支援を始めた当時は小学1年生で、病院でアスペルガー障害と診断されていました。弟への暴力や、他人への暴言がひどく、暴力については小学4年生までかかりましたが、ゼロになりました。

ただ、言葉が達者すぎるために暴言や文句が多くみられ、周囲の人を不快にさせることが多々ありました。

特に、友人関係のトラブルが一番多くて、ときに登校しぶりに発展することもありました。それらには、ソーシャルスキルの問題として取り組んできて、成果は見られました。しかし、どうしても「暴言に近いボヤキ」のようなものはなくなりません。

たまに可愛いことも言うのですが、口を開けば文句という感じです。

このことについては、

「まあ、これはある程度は仕方ないよね。トラブルは避けられないでしょうけども、野村監督みたいにキャラにしていくしかないよね」

「度が過ぎたら償《つぐな》いをさせるようにしていきましょう」

と伝え、親御さんも納得していました。

ところが、中学2年生の2学期に入って、大きな問題が起きました。これまで登校しぶりがあっても、なんとか不登校にはさせない支援をしてきたのですが、いよいよ「登校拒否宣言」にまで発展してしまったのです。

アカネちゃん本人によると、クラスメイト全員に対する強い不満があるのだそうです。これまでの長い付き合いで、落ち着いていたのもあって教育相談は年4回程度にしていたのですが、お母さんは「油断していました」ということで、緊急に教育相談を申し込んでこられました。

「先日、吐き気を訴えたために1日休ませてしまいました」とお母さん。翌日も休んでしまったのだそうです。3日目については、「パパが1回だけ一緒に来てくれたら学校に行ける」と言ったので、父親と一緒に登校しました。校門の前あたりで、アカネちゃんは「あ、パパ、恥ずかしいからもういいよ」と言って、ひとりで教室に入りました。放課後、家に帰ってきて、不機嫌そうな顔をしながら「嫌だったけど、私、演技した」と母親に言いました。

初めて学校を休んだ日の前日、アカネちゃんは「手首、切ろうと思った」「飛び降りようと思った」「でも、できなかった」「死にたいよ」などと言うようになり、両親や学校を大いに心配させていました。

学級担任はアカネちゃんのこうした状態を知ると、どう手を打っていいのか分からず途方に暮れて、「このままうちの学校にいるよりも、他の学校に移ったほうがいいのではないですか？」と転校を勧めるほどで、まさに「お手上げ状態」でした。

「死」や「殺」を口にする子への介入

登校拒否に関しては、「登校を強制しないけれども、行ったほうが生活上のメリットが山ほどあるシステム、行くか行かないかは本人が決めるプログラム」を作成し、すぐに実行してもらいました（本題から逸《そ》れるので、ここでは具体的なプログラム内容は書きません）。すると、3週目から効き目が出てきて、まったく休まなくなりました。

本題は、不登校の解決ではなく、いわゆる「自殺願望」「希死念慮」への介入です。

学校に行けばそれで解決、という乱暴な支援をしているわけではありません。行動分析学を勉強していない心理士や医師などは、私の支援を学校に行かせるだけだと思い込んでいる方々もいるようですが、実際はまったく違います。

むしろ、再登校の支援もできず（やらず）、「深い『こころ』の問題がある」などと言っておきながら、その支援の具体的目標も立てられない、そういう方々の評論というのは無価値どころか害悪です。

先ほどの緊急の教育相談の際、アカネちゃん本人にも会いました。そのとき、アカネちゃんは「もう行きたくない」「誰にも会いたくない」「近所の同学年の子としか会いたくない」などと史上最高記録に迫るほどネガティブなトークを連発していました。

アカネちゃんが、

「学校の先生にも会いたくない」

と言うので、

「会ってもええかなという先生はいるかな？」

と聞いても、

「いない」

と答えます。お母さんが、

「アカネは家にいたいの?」

と聞いても、

「いたい」

と答えます。

他にもブツブツと隣にいるお母さんに向かって、「もう! ○○がうっとうしいし大嫌い。死んだほうがまし。だから飛び降りたい」などとボヤキも連発していました。

ネガティブ・トークを退治する

ここでまた、アカネちゃんには退席してもらって、お母さんだけに話をしました。

私はお母さんに、

「不登校は簡単に直せるよ。しかし、ネガティブなトークを直すのは至難の業《わざ》ですね。ネガティブにもほどがあるでしょう。だから、今回はこれに思い切って介入せざるを得ませんね」

と伝えました。

「ネガティブなトークをどうやって直すんですか？」

「『合言葉』を使ってみましょう。これまでアカネちゃんの支援を長く続けてきたのは幸いでしたね。少なくとも、アカネちゃんはお母さんとのルールを守る習慣は形成できています。だから、言わないほうがいいことを言わずに済ませるための標語みたいな合言葉を使ってみましょう」

などと言って、他の子どもに使った合言葉の例を紹介しました。そして、アカネちゃんが最近、頻繁に口に出すネガティブ・トークをいくつかに分類していきました。たとえば、「死にたい」「大嫌い」「飛び降りたい」などです。この日の帰りの新幹線の中で、お母さんとアカネちゃん本人で、この合言葉を話し合って決めてもらう約束をしました。

合言葉のいいところは、それを町の中で使っても、周りの人には伝わらず、お母さんと本人だけがピンとくるところと言えるでしょう。そして、言わないほうがいい言葉をあらかじめ明確にしておける利点もあります。

もし、合言葉を使わずにその都度話を聞くようなやり方だと、

「死にたい」

「どうしてそんなこと言うの？」

「だって、○○のことが大嫌いだもん」

「○○のことが嫌いだからって、どうしてアカネが死なないといけないの？」

「私なんか死んだほうがましだし、飛び降りて見せしめしてやる」

などなど、ネガティブなトークはなかなか放っておけないがために会話のターン数が増えてしまうのです。こうした会話をなるべく減らして、ポジティブな会話が増えるようにしたいのです。

合言葉のさらにいいところは、叱らずに済むという点です。

ネガティブな会話が発展してしまうのがよくないからといって、「もういい加減、そんなことを言うのはやめなさい！」と叱るのも悪い方法です。子どもはなぜ叱られたのか分からないでしょうし、叱られたところでどうすればいいのか、どう考えればいいのかを教えられたことにはならないからです。

「大嫌い」と言ったら合言葉でストップ

そういうわけで、アカネちゃんの合言葉を決めてきてもらいました。

「だいとし（大都市）」……「大嫌い、行きたくない、飛び降りる、死にたい」などに類するネガティブな発話の語頭音から。

これらのネガティブな発話（合言葉は「だいとし」）をふたりで言わないように気を付けると約束しました。思わず言ってしまったら、お母さんが「それは『だいとし』でしょ?」と指摘し、なるべくそれ以上、ネガティブな会話を発展させないようにしました。

もちろん、学校などであった事実関係については、これまで同様にしっかりと話を聞いてあげるというスタンスです。

事実関係を冷静に話し合えているときは大丈夫なのですが、そこからエスカレートしてしまって「大嫌い」「行きたくない」「飛び降りる」「死にたい」とまで言ってしまうと、お母さんに「だいとし」と指摘されるのです。

この介入の成果もまた大きく、1か月半ほど経過してからの教育相談では、3週目からまったく休まず学校に行くようになった報告にあわせて、ネガティブな発話も減ったと教えてくれました。

「最近はまったく言わなくなりました」「表情も明るくなってきたと思います」「前向きになってきました」「勉強もやる気が出てきたんです」などと、お母さんは大喜びでした。

「まだ気になる点はありますか？」と聞くと、「ボヤキはまだまだ多いんですが、ちょっとネガティブな感じなのは『本当は嫌なんだけど』みたいに、『本当は××なのに』などと、わざわざ悪く言うことが多いのが気になります」とのことでした。

「本当の自分」なんて考えたって答えは分からないでしょう。あれもこれも自分です。

そうした考え方も伝えて合言葉を追加することにしました。

「だいとしほん（大都市本）」……これまでの「大嫌い、行きたくない、飛び降りる、死にたい」に、「本当は××なのに」「本当の自分は××なのに」などに類するネガティブな発話を追加。

このように支援した結果、大幅に改善したと言っても過言ではないくらい、しかもスピーディーによい状態を取り戻せた（あるいは、以前よりもよい状態に導けた）と言えるでしょう。

アカネちゃんのお母さんからいただいたメールを紹介します。

本日はお忙しい中お越しいただき本当にありがとうございました。

アカネが恐るべき不登校にならずに済み、劇的に笑顔を取り戻せたのも、奥田先生のおかげです。

「本当の自分が何を考えてるかなど、考える必要はない」、「そんなこと哲学者が考えればいい」、「日々の生活がうまくいけばそれでいい」というのは、正直私も救われました。

ぼやっきーアカネも改善できるようがんばります。

アカネ母

まだまだ親御さんは思春期になったアカネちゃんのすべての話に応じてしまっていました。だから、これからもっと困難な問題を抱える可能性があると思います。場合によっては、病院や施設に一時的に入院や入所する必要も出てくるかもしれません。

それくらい厳しいことも、そのまま次の教育相談では親御さんにお伝えしました。どっちみち、成人する頃には子どもと同居しないようにしていくのですから、やってあげられることはあと少ししかありません。

学校以外、やらされる勉強以外のコミュニティーや活動を増やしていってもらうよう、助言しています。

14 「特派員」になってフラッシュバックを克服

ダイアくんの話

これからお話しするのは、ひとりの子どもとの十数年にわたる奮闘記です。

ダイアくんは、2歳のときに「中度知的障害のある自閉症」と初めて診断され、5歳のときには別の病院で「高機能自閉症」と診断されました。

3歳になる直前の頃には、かんしゃくを起こすことが多く、激しい行動障害（叩く、蹴る、噛みつく、髪の毛をひっぱる、足をふみつけてくるなど）が目立つため、途方に暮れていた親御さんが私のところに連れて来ました。

2回のセッションで家庭での接し方について助言して、行動障害は完全にゼロになりました。3か月後には、保育園の他児らの中でも穏やかなほうになっていて、誰が見ても数か月前まで暴れまくっていたとは思えないほどでした。

言葉の遅れもあったので、行動障害への介入と同時にその方面の指導も行いました。指導開始から1年目、2年目と、大幅に発達は促進されました。地元の小学校の通常学級に入学し、週1日、通級利用をしていくことになりました。

小学3年生までは、私のところで定期的な教育相談と直接指導を続け、小学4年生からは教育相談の頻度を半分にしても十分なくらい、親子ともに安定していました。

小学校の先生は、ダイアくんが攻撃行動を繰り返していた幼児期の頃を想像もできないと驚いていました。多分、「少し変わったところがあるが、穏やかな子」というのが、学校の先生やクラスメイトらの印象だったのでしょう。

きっかけは、クラスメイトの「ちょっかい」

さて、ダイアくんが小学5年生のとき、転校生のクラスメイト（Aくん）がダイアくんにやたら「ちょっかい」をかけてくるようになりました。

ダイアくんだけが被害に遭っているわけではなく、クラスの中で多くの子たちが、この転校生Aくんのことを「ちょっと困った存在」くらいに思っていたようです。

ただ、ダイアくんにとっては「ちょっと困った存在」どころではなく、「本当に困った存在」だったはずです。「ダイウンコ」と言われたり、「ダイアくん、ダイアン（ジャイアン）」と言われたりするのが、嫌でしょうがなかったのです。他の子たちのように無視することは、ダイアくんにはとてもできませんでした。

ダイアくんのお母さんいわく、

「Aくんも、高機能自閉症かもしれません」

とのこと。

「そのことをAくんの保護者、担任は知っているんですか？」

「担任は気付いているけど、親は認めていないみたいです」

こういうことは決して稀《まれ》なケースではありません。

担任に指導をお願いしても、

「Aくんも悪気があって言っているというより、言葉遊びみたいに他の子にも言っています。他の子は相手にしないようにしているので、ダイアくんも相手にしないようにしたほうがいいと思います」

と、にべもなく断られ、お決まりの付け足し。

「あ、もちろんAくんへの指導はその都度、やっていきますから」

またしても不勉強な教師の行動パターンです。

その頃の私の教育相談でも、ダイアくんは「Aくんがダイウンコと言うのを中止してほしいです」と、真顔で言っていました。

「人の名前にウンコつけるやつがウンコやで」「だからAウンコ」「悪いウンコ、ええウンコ」などと励ましてみたりもしました。

「きょうのわんこ、Aウンコ」とか、ウンコ話になると悪のりする私でした（お下品ですみませんね）。こんな原始的な方法でよくなるとは思えませんでしたが、ダイアくんは「ダイウンコ」「ダイアン」などと名前で遊ばれることについて、無視できるようになりました。

「ろくなもんじゃねーな」はささやき声で

このまま落ち着いた感じで、ダイアくんのお母さんもAくんとのことについては安心して過ごすことができました。

ところがです。ダイアくんが中学生になったとき、思わぬ形で問題が再燃してしまいました。Aくんは同じ中学校に入学しなかったにもかかわらず、小学校時代のAくんとのことを、ダイアくんが引きずっていると分かったのです。

ダイアくんはもともと独り言が多いタイプだったので、小学3年生の頃に「独り言は言ってもいいけど、小声で言う奥田式の練習プログラム」を積み重ねてきていました。

それは、大きな声で言う練習や「ささやき声」で言う練習を繰り返すことです。

テキストを大きなフォントで書いたものは「大声」で、中くらいは「普通の声」で、そして小さなフォントは「ささやき声」です。このテキストを使って、後はモデリング。私の真似をしてもらいました。

「ったく、ろくなもんじゃねーな」みたいな言葉はささやき声で。「ちっ、またこの福引き、ハズレかよ」みたいなのも、ささやき声で。

ささやき声ばかりでは練習にならないので、たまに「あーあ、白い球しか入ってないのかなぁ！」と大声で言わせてみたり。福引をやっている商店街の人に、たまにはこういう大多数の声を聞かせてあげるのも悪くありません。こういうことを、何度も何度も繰り返し練習しました。

それで中学生になった頃には、同じ部屋にいてもブツブツ何かつぶやいている程度にしか聞こえません。

そのダイアくんが、テレビにニュース速報が流れるたびに、独り言のボリュームがマックスになってしまう、つまり怒りながら大声を出すようになってしまったというのです。

「俺は地震速報じゃねーんだよーって！」とか、

「ニュース速報とかって、急に言われたくねーよ！」

「突然の速報は迷惑なんだってば！」

などと、ひとりで怒っているのです。

お母さんが、「なんでそんな大きな声を出すの？」「気にしないようにしたらいいでしょ」などと注意しても、なかなかやめられません。

「奥田先生に、相談してみなよ」

そういうわけで、この「突然の速報が嫌いです」という悩みを、私はダイアくんから直接相談されることになりました。ダイアくんが中学1年生の秋のことです。

「ニュース速報」が嫌いな理由は？

この頃、すでに年に数回程度しか教育相談はなかったため、また定期的な頻度の教育相談に戻さざるをえないことは、保護者にとっても私にとっても不本意でしたが、仕方ありません。ご両親は小学校高学年の頃の問題をクリアした後、かなり油断していたというのです。

まずは情報収集です。これだけは、親御さんにやっていただくしかありません。お母さんが小学校の担任に電話で聞いてみたところ、当時、Aくんの「マイブーム」みたいなものが新しくなって、それでダイアくんは嫌がっていたのかもしれないと分かりました。Aくんが「地震速報！ ダイアン地方、震度3」などと言っているのを何度か聞いたことがある、というのです。

当時の担任によると、

「ダイアくんは怒っていましたが、Aくんに手を出さないし、Aくんもニコニコしながら口で言っているだけなので、仲良しにも見えたんですけどねー」

とのことでした。

この直後の教育相談で、「ニュース速報」とかAくんに言われていたことについてダイアくん本人に確認してみると、ダイアくんはまた真面目に憤慨していました。

ダイアくんは、

「ニュース速報、サイアクでウゼーよー」

「Aくんの速報が気に入らねーんだよー」

などと、怒っていました。

私の対応はと言いますと、「奥田センセーは嵐を呼ぶ男だから、台風速報、南南西の風、955ヘクトパスカル」とか言って励ましてみようかとも思いましたが、今回はちょっと深刻そうだったのでやりませんでした。お母さんの話からそう思ったのです。

「フラッシュバック」……だから何?

「ダイアは、テレビで地震速報が出る度に、地団駄ふんで『おれは震度3じゃねえ!』って怒っています。それどころか、選挙速報とか速報系はすべて怒っています。これって、『フラッシュバック』ですよね」

お母さんはこう言ったのです。

確かに、小学校のときの嫌な言葉かけが、今なおときどき思い出されて不穏になっているのかもしれません。「フラッシュバック」で説明することは可能でしょう。

ただ、そんな説明をしたところでどうなるのでしょうか？
落ち着かせようとあれこれ試行錯誤するとよくなるのでしょうか？
お薬を飲ませれば完治するのでしょうか？
遊び尽くせば直るのでしょうか？

これらはすでに、お母さんがいろいろと試したそうです。でも、全然解決に結び付きませんでした。タイムマシーンがあって、Aくんが転校してくる前に戻ってやり直しができるのであれば、過去の原因をあれこれ議論することに価値はあるでしょう。でも、そんなことは不可能です。

「今」と「これから」しか、私たちにできることはないのです。これが実用的である行動分析学の基本姿勢なのです。

過去のことは考慮に入れますが、そんなどうしようもないことに着目し続けていても、うらみつらみや後悔ばかりになるので、やっぱり現在と未来に焦点を当てていきましょう。そうお母さんに説明し、よく理解していただきました。

さて、この「速報」についてです。ダイアくんの「速報は突然だから困る」という考え方は、なんとなく分かります。ちょっと関係ない話ですが、連続ドラマとか保存版にと思って録画しているテレビ番組の途中、いきなりニュース速報のテロップが流れると、誰でもそれなりに「台なしだ！」と思うもの。確かに、迷惑な話です。

しかし、突然のことだから速報になるんだし、テレビのテロップを選択式（テロップ不要を選択すれば画面に速報が出てこないようなシステム）にでもできるなら、そうすればいいかもしれません。しかし、テレビにしても自家用車のラジオにしても、突然にやってくる速報を避けることは現実的ではありません。

現実的に避けられないほど日常的なものならば、避けずに苦手を克服する方法を考えたほうがいい。これは行動療法の考え方でもあるのです。

お母さんも、

「そういえば、小学校入学直後……体育館に入るのを嫌がるのを、奥田先生に教えられた方法で克服したことを思い出しました」

と、過去にもいろいろ乗り越えてきた苦手なことを思い出してくれました。今では、体育館の声の響き方や匂いを嫌がるそぶりもしませんので、すっかり忘れていました。

こういう話し合いをしながら、日常的な「速報」について介入することになりました。

「ダイア特派員の速報ファイル」（報酬つき）

一般の方が思いつくような方法（やれカームダウンさせろ＝落ち着かせろ、やれ薬を飲ませろ）とは違います。

私が提案したのは、ダイアくんがテレビを見ていて「ニュース速報」が流れたら、速攻、インターネットで情報源をチェックすること。そして、それをワープロに記録すること。

たったこれだけです。

パソコンは小学校の頃からゲームや動画を見ていたし、文字入力も小学2年生から教えていたので、これは使えます。

ニュース速報が流れたら、ダイアくん的には「ムカッ」と過去のことを思い出して腹立たしいのでしょうが、何もせずにムカムカするくらいなら、さっさとインターネットでニュース速報のテロップと同じ速報ページを探せばいい。たいていの人間にとって、探し物が見つかることはポジティブな結果となります（「探す行動」が「見つかること」によって強化されます）。

「チッ、あったな、これのことだな」という受け止め方に変わるのです。ウェブ上でのニュース速報も、情報アップの速さはテレビの速報に負けません。テレビで速報が出たら、すぐにウェブのニュース画面を探せば、比較的簡単に情報源を見つけることができるのです。

想像していたよりも早く効果が現れました。ダイアくんのファイルのタイトルは、その名も「ダイア特派員の速報ファイル」。

これは、「速報からは逃げませんよ」「むしろ、速報に注目していきますよ」という目標を明確にするために、あえてそんなタイトルにしてもらいました（まあ、長年の付き合いなので、遊び心も入っています）。

○年○月○日（月曜日）○○新聞

【速報】○○などで大雨洪水警報　土砂災害の恐れ

昨夜からの大雨で○○地方では大雨・洪水警報が発令されている。○○市や○○市などで午前中から再び強い雨が降っており、1時間当たりの雨量は最大60ミりに達する見込み。○○地方気象台は土砂災害などに注意を呼び掛けている。○○県内では、○○○○のほか、○○○地域に大雨洪水警報が出ている。○○や○○は大雨洪水警報。

○○県では○○、○○、○○、○○に大雨洪水警報が出ており、土砂災害の警戒が必要。

○○県は○○で大雨洪水警報。○○地域で大雨警報が継続中。

このように、テレビ画面で流された速報と同じ内容のウェブページを自分で探し、そのテキストを「ダイア特派員の速報ファイル」用としてプリントアウトしていきます。

この一連の手続きを覚えてしまうまでは、お母さんやお父さんに手伝ってもらいました。でも、ダイアくんにとって、こうした作業手順を覚えるのに、それほど時間はかかりませんでした。

もうひとつ、これを支援する大人のほうには、報酬システムを導入してもらいました。ダイアくんが速報をファイルしていくことへの報酬です。ひとつの速報をファイルするごとに、一定の原稿料を支払うシステムです。自分で書いた原稿ではないのに原稿料とはおかしな話かもしれませんが、ダイアくんが自分で調べてまとめたことに対するお礼みたいなものです。

これは効き目がバツグンにありました。速報が多ければ多いほど、歩合制の原稿料が増えるのですから。価値の逆転に成功です。

たった1か月後には、ダイアくんは速報が流れると「来たか！」とばかりにパソコンに向かって喜々として情報検索するようになったのです。

つい先日までは、「突然のニュース速報は困る！」「クソっ、また速報かよ！」とイライラしながら騒いでいたのが、今では「速報、まだ来ないのかな」と言っているんだそうです。

大嫌いが大好きになった

私としては、これがうまくいかなければ「二の矢、三の矢」を用意して待っていたのですが、一発目で的中してくれました。

だからって、他の人に同じ方法を安易に勧めることはしません。子ども一人ひとりの状態やら、保護者の姿勢、指導者との信頼関係などなど、ケースバイケースで完全にオーダーメードにするべきだからです。

私はお母さんに、

「大嫌いで苦手なものを、苦手でなくすることは十分に可能ですよ。普通は、苦手でなくなる程度であって、大嫌いが大好きになると最上級ですけどね」

と、事前に伝えていました。

しかし、今回はその最上級のほう、大の苦手の速報が、恋いこがれる速報になったということでした。ダイアくんが高校生になっても、速報で暴れるということは見られなくなり、普段の生活もかなり穏やかになったのでした。

今度こそ、メデタシ、メデタシと。

ダイア特派員の
速報ファイル

15 ナイトメアをぶっこわせ

マイコちゃんの話

次に取り上げるのは、思いがけない相談を受けたエピソードです。

マイコちゃんは、私の指導している6歳の自閉症男児の姉で、小学4年生でした。マイコちゃんの弟の教育相談を開始したのが4年前。そのときはまだ日本在住でした。1年前、アメリカに家族で転勤して新しい生活をスタートしたところです。

この家族が渡米した後も、ご両親の強い希望で教育相談を継続していました。といっても、母子や家族で一時帰国するタイミングに合わせて会うのと、年に一度だけ私が渡米して訪問する計画だったので、年2～3回程度しか教育相談の機会はありません。

日本にいたときから、マイコちゃんはインターナショナルスクールにいたので英会話自体は問題がなかったようです。学業的にも親御さんの努力で、遅れなどはありませんでした。

ただ、クラスメイトと話が合わないということで「学校がつまらない」とお母さんに不満を漏らしていました。

この程度では、お母さんが私に相談してくることもなかったでしょう。ただ、ご両親が本当に心配をし始めたのは、マイコちゃんが毎晩、「夢を見るのが怖くて眠れない」と起きてくるようになった辺りです。お母さんは、私のアメリカ出張に合わせて飛行機に乗ってマイコちゃんを連れてやって来ました。

別室で遊んでいるマイコちゃんには少し待っていてもらいました。

「マイコちゃんは『夢を見るのが怖い』って、何時くらいから誰に言い始めますか?」

「夜8時くらいから私に言い始めて、夜中の12時か1時くらいまで起きていることもあります」

「その後は寝ちゃうんですよね? 朝は起きられていますか?」

「朝も不機嫌ですが、学校には行けています」

「学校での様子はどうですか?」

「学校ではいつもと変わらず、でも家に帰って来て少し昼寝をしています」

「昼寝の前に『夢が怖い』とは言わないでしょ?」

「あ、そうですね」

こんな感じで、さらにもうちょっと詳しく生活上の様子を確認してみると、どうも、不調を訴えるときに母親にべったり引っ付くようだということが分かってきました。

黒い世界の怖い夢

夢の内容は「怖い」と言いながら、どんな夢なのか「覚えてない」のだそうです。本当に覚えてないのか、言わないようにしているのか、それとも言えないのか、そのところは分かりません。

でも、明らかなのはマイコちゃんが不調を訴えたときには、確かに母親がいつも心配して励ましているということです。

別室にいるマイコちゃんを呼んでもらいました。

「お待たせー! 元気?」

「うん」

「どんな夢を見ちゃうの?」

「……なんだか怖い夢」

「最後のシーンだけ教えて。最後はどうなっちゃうの？」

「最後はいっつも暗くて黒い世界で終わりになる……」

「そか。そりゃ簡単に直せるで！」

ということで、「ちょっともう少し待っててな。お母さんと作戦会議したら呼ぶから」と、再び別室で待っていてもらうことにしました。

「お母さん、すぐに直るかどうかは分からないけど、絶対に直ることは確かやから」

「本当ですか⁉」

「至って簡単です」

「父には精神科に相談しろと言われてしまって……」

「不要ですね、不安だとか不眠だとかで意味なく薬漬けにされるかもしれませんよ」

こう言って「お母さん、ちょっとこれから私がやるのを見ててください。家でお母さんに毎日やってもらうことを今から見せます」と、部屋の中にあった雑誌や新聞を物色しました。そしたら、新聞の中にマンガがありました（もちろん英語のマンガです）。

「本当は絵本のほうがいいんですがね、まあいいでしょう」と言って、マイコちゃんを部屋に呼んでもらいました。

夜の遅い教育相談の時間だったので、私がホテルに帰ったらそのままここでマイコちゃんとお母さんは一泊するから、ちょうどいいタイミングです。

「マイコちゃん、今からさ、マンガを見せるからな、続きを考えてみてな！」

と言って、さっき見つけた新聞の中のマンガのページを切り抜いて、さらに約半分くらいのところで切って、後半部分を捨てたものを見せました。前半部分には、絵と吹き出しの中の英語の台詞がありますが、マイコちゃんが絵だけで何かを語ろうと、吹き出しの中の英語を読んで考えようと、そこは問いません。

ひとつめのコマは、テニスコートで話し合っている様子で始まります。次のコマでさらに話し合い、3つめのコマになるともうちょっと強い口調で話し合っている絵になります。

私は4コマめを知っているのですが、なんとなくしか理解できていません。「たぶん、こういうオチだろう」くらいのことしか分からないものでした。

マイコちゃんは、果敢にチャレンジしてくれました。

「試合をやろうと話し合い、どっちかが先に『もうやりたくない』って話して……」

「ふむふむ」

ここからマイコちゃんが作るストーリーです。

「……で、雨が降ってきたせいでみんなが嫌な気持ちになった」

「あー、なるほどね」

もうひとつ、別のマンガでも同じことをやってみましたが、マイコちゃんが作った話は「誰かひとりだけお弁当がもらえずにショックだった」という内容。要するに、どうもネガティブなストーリーばかり思いついてしまうようです。

「よっしゃ、ほんならこれから奥田先生が見本を見せるで」

ということで、やってみました。もちろんアドリブです。

暗いストーリーはNG！ だってマンガだもんね

「これはな、試合をやろうって話し合ってな、どっちかが先に『もうやりたくない』って話してたらな……、ハーゲンダッツのアイスクリームでできたテニスコートで試合をし始めて……、そんでみんなで『冷たい』『美味しい』って言いながら、友達とアイスクリームだらけになって、ずっと笑ってたとさ」

少しほほえむマイコちゃん。

「こんな感じで、読んだことのないマンガとか絵本の途中から、自分で作ってみるときにはコツがあるねんで」

と言って、ここからもアドリブですが、紙にルールを書いてあげました。

- 最後は「みんな幸せになったとさ」で終わる
- 最後は「みんなで大笑いしたんだとさ」で終わる
- 最後は「いつまでも楽しく暮らしたのだとさ」で終わる
- 最後は、ハッピーエンド
- 最後は、お笑い
- 最後は、楽しく

このルールをマイコちゃんに読んでもらいました。

「まあ、別に『……とさ』で終わらなくてもいいけどもね。やってみてみ」

さっきの練習でも使わなかった、別のマンガを渡してみました。

いきなり大傑作誕生

半分どころか1コマ目だけ残して、あとは全部捨てたものです。大きな木から、ミノムシみたいなものが、ぶらさがったマンガでした。1コマ目には台詞はありませんでした。

「木からミノムシが下りてきて……」

ここからがマイコちゃんの作った話です。

「……それで、どこか別の国に行ってみたいよ……、でも糸がついてるから行けないよ……、するとクモが出て来て助けてあげるよって……、それで糸がこんがらがってミノムシもクモも動けなくなったけど、仲良くなったからこれでよかったねっていう話」

「おお！　なんとスバラシイ！」

本当にすごいなと思ったので、心底、褒めました。

もうひとつ最後にやってもらったのも、なかなかうまく作ってくれました。母親が犬と一緒に家の中で誰かを探している様子です。どこにもいなくて、外へ出たら父親のような人が壁にペンキを塗っている……というストーリーだったのですが、最後の1コマを隠しました。

「お母さんと犬がリビングを捜査しました。それで、2階に上がって捜査を続けました。でも誰もいません。冷蔵庫の横にも誰もいません。犬に外まで行って探して来てと命令したら、すぐに家族を見つけてくれたので、みんなで幸せに暮らしたんだとさ」

「おお！　ホンマすげーよ！　しかも『とさ』までご利用くださいましたか！」

ルールで示した例を、さっそく採用してくれました。これは思ったよりも早く直りそうです。

マイコちゃんに、

「これから、これを毎日お母さんにお話を作ってあげてね。マンガもいいけど、絵本もいいよ。でも、読んだことのない絵本でね」

と伝えて、お母さんにもこれらの実施方法を伝えて、私は自分の宿泊しているホテルに戻りました。

翌日、マイコちゃんのお母さんからメールが来ました。

そこには、マイコちゃんの怖い夢がその日の晩からなくなったこと、次に帰国するときはマイコちゃんのために空港で新しい絵本を買うつもりであることが書かれていました。

その後、マイコちゃんは知っている絵本よりも、読んだことのない知らない絵本を好んで読むようにもなり、一石二鳥のようです。

お母さんも毎日、新しい絵本に事前に目を通し「ここまで」と区切りを決めて、その区切りから先はマイコちゃんが自由にストーリーを決める手順を実践してくれています。

ハッピーストーリーを作らせるという作戦に効き目があった？　いえ、そんな単純なことではないでしょう。

それより大事だったのは、明らかに、お母さんがマイコちゃんに付き合う時間が長くなったことです。

以前は、不調なときにお付き合いしていたのですが、今は大好きな絵本ストーリー作り（しかもハッピーまたはお笑いストーリー）のときに、お母さんがふたりきりで付き合ってあげるようになった。

こうした親子関係の変化というのは、実際に大きいのです。

夢の内容を分析するよりも、「不安」や「恐怖」はたまた「不眠」などの訴えや症状に薬物でアプローチするよりも、よほど健康的じゃないですか。

親御さんの関わりという部分は盲点になりやすいところなので、ここをしっかり押さえておくというのは最低限のポイントと言えるでしょう。

16 目標達成ができないときは目標が悪い

カイくんの話

成人になったカイくんとは、もう長い付き合いです。

当時、「非定型自閉症（特定不能の広汎性発達障害）」という診断を受けて、私のところに相談に連れて来られたのが4歳を過ぎた頃ですから、かれこれ15年以上前のこと。激しいかんしゃくを起こす子で、わめきちらし、泣きまくり、挙げ句の果てには暴力と物壊しまで見られました。

一番になれないと大泣きして爆発し、しばらくその感情を引きずっていました。暴れたときの騒々しさは、相談室の管理人さんに、何があったのかと心配されてしまうほどのものでした。

当時のカイくんは「強度行動障害」と判定されるほどでしたが、ご両親の理解と協力があったので、小学2年生を最後に暴力はゼロになりました。何度か親御さんの見ている前で、私が袈裟固《けさがた》めくらいの絞め技で「お母さんに暴力はあかんで～♪　お母さんに『ごめんなさい』って言ったほうがええよ～ん♪」と迫るような修羅場もありました。

学校に行くようになって数年後、暴力はなくなっても衝動的で感情的な暴発はしばしば見られましたので、カイくん用にアンガー・マネジメント（怒りのコントロール）のプログラムも作成して実施してきました。

高等学校を卒業して就職した今でもそういう素地はあって、ときどき「上司にこっぴどく叱られた」「同期に『お前は後回しだ』と言われた」などとイライラしたときに、どう対処したらいいのかと相談にやって来ます。

一方で、たまに自宅で、

「おれはなんでまだ奥田先生を卒業できねえんだよぉ！」

と、ボヤいていることもあると、カイくんのお母さんから聞いています。

私は、「まあ、こうしたことはよくあるんですよ」と、お母さんに伝えています。

カイくんも、「自分は自閉症である」ということは知っています。そのことを承知で、「なんでおれは卒業できないんだ」と言うカイくんを自宅に留守番させて、お母さんだけで私のところに相談に来るようにもしてきました。

お母さんがそういう「困ったときには相談に行くんだ」という姿勢を見せておくのは、非常にいいことです。障害のある人だけが相談を受ける必要があるのではなくて、誰だってどうしたらいいのか分からないときには相談をするものだからです。

ある日、就職先でのトラブルについてかなり切羽詰まったときに、カイくん自身がお母さんに、

「奥田先生に相談してみたら答えをもらえるかなぁ?」

と、聞いてきたそうです。

15年以上もの付き合いがあると、こういうことも起こります。

職場での対処法を具体的に提案して、場合によっては相談室でその対処法を少し練習したこともあります。

そんなときは、自宅に戻ったときにお母さんに対して、

「やっぱり奥田先生に相談してみてよかった」

と、言っているそうです。

初めての「駅での待ち合わせ」

私が軽井沢に移住して、ちょっと行き来が不便になってしまったこともあり、カイくん自身が相談面接を急に希望しても、すぐに受けてあげられなくなりました。そういう状況の中、あれこれ考えたのですが、「駅で待ち合わせをして、『駅ナカ』の喫茶店でお茶を飲みながら相談を受ける」スタイルを試してみることにしました。

結論から言えば、これが大ヒット。

カイくんとの初めての待ち合わせです。今までは、私が待っている相談室にやって来るばかりでしたが、駅の改札で約束の時間よりもちょっと早めに会うことができました。

いつもと違う光景なので、カイくんはなんだか照れくさそうに不自然な敬語で、

「来てくださいまして誠にありがとうございます」

と、挨拶してくれました。駅での待ち合わせなのに、「マコトニ……」っていうのが不自然で印象的でした（ポール・マッカートニーの発音を悪くすれば、「マコトニ」になるかもしれないなと思ったり）。

カイくんは携帯電話を取り出して、「ちょっと母に伝えます」と言って電話し、「奥田先生と今、会えました」とちゃんと報告していました。そのままふたりで駅ナカの喫茶店に入って、それぞれ自分の飲み物をオーダー。

私は、しみじみと「それにしても、あんなに暴力少年だったのに、よくぞここまで安定した成人になったなぁ」と内心思っていたのです。

すると、カイくんもソファーに座るやいなや、

「少年時代のぼくは、本当にひどかった。父ちゃんと母ちゃんに、悪いことを何度も言ってしまいました。それと、暴力も……」

と、言い始めたのです。

私は私で、他のお客さんと同じような光景で「こんなふうに他の客といても自然な感じになったなー」と感慨深かったのですが、カイくんはカイくんで何か思うところがあったようです。

目標は立て方にコツがいる

「今日はふたつ相談したいことがあります」とのこと。

一つひとつ聞いてみると、「独り言をやめられない」ということと、「目標を立てても失敗ばかりする」ということでした。

「独り言は直らない、大人も、両親も、奥田先生もそうだよ」と、相互に筆談形式でノートに書き込みます。私は他のケースでもそうですが、カイくんのように感情のコントロールが難しい子には筆談形式で面接を進めることがあります。

独り言はひとまず置いておき、先に取りかかったのは「目標」についてでした。特に、念入りに修正してみたのは「目標の立て方」です。

カイくんに「具体的に書いてみて！　たとえば？」と語りかけると、カイくんは「両親のために役に立つこと」「将来、家で暮らすこと」「成人らしくすること」「就職先でチャレンジすること」「家での手伝いのときに冷静にやること」と書きました。いずれも具体的ではありません。

ノートに書くだけでなく、カイくんはさらに話し始めました。「他にも、もっと約束を守れる人になることとか、人には親切にすることや、社会人として責任を果たす人になること」などと言います。これらも、具体的ではないのです。

これはカイくんの特徴でもあります。ずっと、このように具体的でない目標を立てては「またできなかった」「おれはだめだ」と自分自身を責めることが癖のようになっているのです。

実は、こうした言動はカイくんに限らず、しばしば知的障害がないか軽度の青年にみられることです。あまりにひどいと副次的障害としての精神疾患も簡単に併発します。実際、高機能自閉症の青年に発達障害以外の副次的障害が併発する事例は多いものです。

私としては、そういう言動が強い習慣になっている青年に対して、同じレベルでお付き合いしないようにしています。

つまり、「言葉」で来たものに対して「言葉」で返さない。もっと言えば、世間一般の「励まし」の言葉をかけることはしません。たとえば、「親の役に立っていない」と嘆く青年に対して、「そんなことはないよ、十分に親孝行してるよ」とは言いません（内心ではそう思っていても、口には出しません）。

有効なことは、「目標の見直し」を提案することです。実は、この「望ましい目標を具体的に記述すること」は、大学院生や学校教員ですらかなりの練習が必要になるスキルなのです。医師や学者でも、これが苦手な人は少なくありません。

今回の場合は、こういう提案をしてみました。

「全部、具体的ではないので、具体的に書き換えてみましょう。たとえば……」

と、ノートに書いて、

「両親のために役に立つこと」（具体的でない）

↓

「両親に作ったことのないご馳走をふるまうこと」（具体的である）

のように続けました。

その後は、カイくんに書かせる番です。

「作ったことのないご馳走を書いてみて」と促すと、

①バンバンジー②魚の甘酢あんかけ（ヒラメ）③北京風炒飯《チャーハン》④マーラーメン（父ちゃんが愛する）

という4品を書いてくれました。

「母ちゃんが愛するもんとかは？　デザートとか？」と促すと、

⑤杏仁豆腐《あんにんどうふ》（母ちゃんが愛する）

と、書き足してくれました。

そして、それぞれの品目に難易度A～Fを付けてもらいました。

読者の皆さんも、こうやって例示されてみると想像できるかと思います。こういうふうに目標を具体的に設定することを促してみて、促されながらも自分で考えるところを増やしていく支援をしているわけです。

カイくんは「目標を立てても失敗ばかりする」「自分は役に立たない」などと嘆いていたときは、当然、気分の悪そうな表情をしています。

でも、こうした「やればできそうな目標」なら、想像するだけでもニコニコと笑顔で考えて、書き出してくれます。

そして、完成した後にはスッキリした顔をして、

「いいことを教えてもらえてよかった」

などと、成人してもなかなか可愛らしいことを言ってくれるのです。

言ってもいい独り言

独り言に関しても、私が「カイくんの少年時代は『ボエー、グワー』だったね」とノートに大きく擬音を書いてみせました。

すると、カイくんは恥ずかしそうに、

「少年時代はジャイアンでした」

と、振り返っていました。

「今もまだジャイアンみたいな独り言なの？」

「いいえ、もっと小さな声でできるようになりました」

「仕事中もジャイアンが歌うみたいな声を出すの？」

「職場ではやりません、家の居間でやることがあります」

「じゃあ、家の中ではまだジャイアンでいくんやね？」

「いいえ、家の中でも小さい声にします」

「職場でやらないってところが偉いよ」

こんな感じで、それぞれオーダーしたドリンクを飲みながらの相談面接を終えたのでした。少年時代、「強度行動障害」と判定されたほど暴れん坊だったことなど、誰も信じないであろう落ち着きようです。

長い支援というのは、こういう奇跡のような変化を、当たり前の日常のようにしてしまうものです。

17

アスパラをやっつけろ！

リアくんの話

誰にだって苦手なものはあります。

私個人としては「苦手は克服するべきだ」と考える場合もありますし、「苦手があったってええやろ」と考える場合もあります。たとえば、私は納豆が苦手です。苦手というか、絶対に口に入れたくないもののひとつです。

「(人の多い) 東京駅を歩くのが苦手」というのもあります。これは、克服しようとしています。駅の反対側に回り込むだけでもタクシーを使ってしまうこともありますが、自分自身「これではいかんな」と考えています。苦手を避けると、ますます苦手が強まるからです。ですから、比較的荷物が少ないときは、ちょっと我慢して反対側まで歩くようにしています。

一方で、苦手なままでいいと考えているものもあります。相田みつを風に表現すれば「にがてだもの」「そのままでええがな」というマインドもありです。

実際のところ、苦手の克服方法が思い浮かばない人が多いのと、それをやると軋轢《あつれき》が起きる（本人が嫌がる）のを回避したいという人たちが、「無理しないでいいんじゃない？」と言っている場合がほとんどでしょうと指摘しておきます。

早めの対応が「余裕」を生む

さて、リアくんのことです。小学2年生の男の子で、小学校に入ってからLDの診断を受けていました。私のところに相談に連れて来られたのが5歳前の頃で、当時は「ADHDの疑い」ということでした。

今では開始年齢を3歳未満にしていますが、ADHDやLDの気付きや診断は自閉スペクトラム症と比べて遅れ気味です。でも、本当は3歳前くらいに何らかの行動上の兆候に気づくケースもあるので、グレー（もしかして発達に何らかのつまずきがあるのかも？）くらいで早期対応すべきだと思っています。

話を戻しましょう。来談当初、リアくんは両親に暴力を振るうという問題が目立っていましたので、私としては両親には相当に厳しいことを伝えてきました。特に、暴力への対処法については何度も問題の大きさを説明し、両親がすぐに取り組まなければならない問題であると理解してもらい、介入することにしました。

他の多くの子どもたちと同じく、リアくんについても暴力の問題はすぐに解決。介入後、1か月でゼロになりました。

暴力が落ち着くと、学習支援も進みやすくなります。読み書きと計算を中心に、年長児の頃はとにかく学習が嫌いにならないように配慮しながら教育相談を行いました。そして、小学校では通常学級に在籍しながら、通級利用をすることになりました。

いわゆる学校での勉強は苦手なのですが、苦手な課題を工夫もなくゴリゴリと反復させるような指導には親も慎重でしたし、学校の先生も同じ考えで接してくれていましたので、学校や家庭での生活はかなり安定したものになっていました。

安定していると、漫画『ONE PIECE』についての話をしたり、バラエティー番組の話をしたり、対戦ゲームをしたりするなど、教育相談中には学習課題だけでない余裕が生まれます。教育相談に連れて来られるお母さんも、余裕を持って楽しんでいるようでした。

お弁当はフライドポテトだけ

ただ、先日たまたま親子でうちの学校の合宿キャンプに来てくれたとき、リアくんのお弁当の中身を見て、私はびっくりしました。なんと、フライドポテトしか入っていないのです。

「お母さん！　フライドポテトばっかりじゃないですか？」

と、聞いてみましたところ、お母さんは恥ずかしそうに答えました。

「あー、実は偏食が激しくてポテト以外食べないんですよ」

ちょっと驚きだったのは、教育相談中にそういうことを話すチャンスはいくらでもあったのに、どうもこれは直るものではないとお母さんが思い込んでいたことです。驚きと言いましたが、実はしばしばこういう感じの親御さんはおられます。日常茶飯に起こる問題に慣れてしまって、直そうと思い付きもしないパターンです。

さて、リアくんの場合、フライドポテトしか食べていないというのはどういうことか、学校給食はどうしているのか、などなど確認してみました。

まず、学校給食ではパンだけしか食べないようです。パンがない日は、主食だけ食べるそうです。果物は食べるようです。家ではフライドポテトとふりかけご飯ばかりで、具の入っていないスープや味噌汁を食べているということも分かりました。

「こりゃ、お母さん、ひどい偏食ですよ、改善しましょうよ！　そのままでええがなではあかんがな！（笑）」

ということで、フライドポテトを利用して、肉や魚をわずかひと切れずつ食べさせるプログラムを組みました。

本書では詳しい手続きは書きませんが、その日のうちに肉と魚を食べられるようになり、翌日にはフライドポテトを利用してツナサラダも食べられました。

お母さんは「こんなにすぐに改善するんですね！」と目を丸くしておられましたが、リアくんと4年近くの付き合いもあるし、これまで教育相談でさんざんゲームをして遊んできたことが、ここへきて活きてくるのです。ゲームの要素も取り入れて、偏食指導をやったら、あっという間にコンプリートでした。

お母さんは、その後、自宅でも私の真似をしてくれたので、家でも学校でもほとんど何でも食べるようになったとのことです。むしろ、肉や魚は大好きになったようで、フライドポテトを欲しがることもなくなりました。

ラスボスはアスパラガス

ところがある日、お母さんが「どうしてもだめ、というものがあるんです」と、リアくんに天敵がいることを相談してくれました。

それが、アスパラガス。

これればかりは、フライドポテト利用法をやってみてもまったくだめだったそうです。リアくんは「おえっ、おえっ」と嘔吐《えず》いてしまって、がんばらせると涙が出るのだそうです。

「アスパラ、あかんの？」と、リアくんに聞いてみました。

「食べられません」

「食べようと思うからあかんねん、やっつけようと思わないとな」

「アスパラガスが強敵だから、どうやったらいいんですか？」

「ほな、今度持って来てみ」

ということで、次回の教育相談にアスパラガスをタッパーに入れて持って来てもらうことにしました。念のためフライドポテトと、リアくんの好きな調味料（塩胡椒、ケチャップ、マヨネーズ）も持って来てもらうようにお願いしました。

翌週、お母さんは水炊きしたグリーンアスパラガスを食品保存容器に入れて持って来てくれました。確かにちょっと臭みがあるような気がしないでもないですが、北海道産の肉厚で美味しそうなアスパラです。

バトルの結果は「引き分け」くらいでした。あの手この手で味付けをして立ち向かってもらいましたが、やはり少し「おえっ」となって目に涙を浮かべていました。

「くやしいか？」

「うん」

「作戦を変えようぜ！」

「うん」

忍法で退治

翌月の教育相談は自宅訪問で実施することにしました。お母さんには、ちょっと特別な備品を用意しておいてもらいました。

「リアくん、今日は忍法を使ってアスパラをやっつけるで！」

「忍術のことですか？」

「そうとも言う。忍法、火の術！」

こう言って、お母さんに用意しておいてもらった網焼きの網を出しました。「見てろよ」ってことで、それをコンロで思いっきり焼いてやりました。何てことはない、ただの焼き野菜なのですが（笑）。

「おらー、黒くなれ！　もっと焦げろ～！」

などと言いながら、殺気だった表情で私がアスパラを焼き続けます。そして、リアくんにも同じように言わせました。

「もっと、焦げろ～、もっと焦げろ～！」

こんな感じで、グリーンアスパラガスを「お店で出すにはちょっと焦がしすぎだが、食べられないほど焦げてはいないない状態」にまで焼き続けました。たぶん、表面はパリッパリになったくらいだと思います。

「どうや、これで相手はかなり弱っているぞ！」

「……うん」

「ちょっと、先生が先にやっつけてみるで！」

と言って、マヨネーズをまぶして食べて見せました。

「おっしゃー、おれの勝ちだ！　どう？　リアくんも今なら勝てるぜ！」

「……リベンジします！」

「お、そうやリベンジやで！　勝てそうやな！　今だ、やっつけろ！」

と、リアくんはおもむろに焦がしアスパラを口に入れてみました。

「勝ったか？　それとも負けたのか!?」

しばらく、リアくんはもぐもぐと食べた後、

「おれの勝ちだ〜！」

ちょっとまだ目に涙が浮かんでいるようにも見えましたが、お母さんに用意しておいてもらったお誕生日用のクラッカーを2発鳴らして、

「リアくん！　大勝利だぜ！」

とお祝いしました。

「てか、美味しいやろ！」

「うん！」

まあ、要するに「アスパラガスは焦がして食べれば食べやすい」というだけのことでしょ、とかいうツッコミはセンスのない人の視点でしょう。そういう話ではなく、

ゲームっぽくやったというのが重要なのです。

本当は「忍法、火の術」がだめなら「忍法、隠れ蓑《みの》」も用意していたのに。家庭用の綿菓子の機械で、アスパラガスを割り箸に見立てて綿あめで包んで食べさせるとか、フードプロセッサーを使って「忍法、みじん切り」とか考えていたのに。「火の術」だけで終わってしまったので、教育相談としても効率的すぎます（商売で考えたら成り立ちませんね）。

お母さんから、後日、感謝のメールが届きました。

先日は自宅のほうにまで来ていただいて、たった1回のセッションであれだけ苦手だったアスパラを克服できるようになるなんて、本当に驚くばかりです。1年生の頃のひどい偏食っ子から比べれば何でも食べられるようになったので、アスパラはもう無理かな、そのぐらいは別にいいかなと思っていたのですが、母もリア本人も自信が付きました。その後、アスパラガスは基本、焼いて出しています。もう目に涙を浮かべることもありません。

リアは「奥田先生に教えてもらった忍術があるから大丈夫だ！」と言っていました。昨日は、水煮のアスパラガスも「忍術ドレッシングの術だ！」と言って食べてくれました。先生のように、子どもをいつでもどこでも乗せて、好きなようにいい方向に導けるのは、それこそ忍術のようなものを使っておられるみたいで、本当に心強いです。心から感謝いたします。

今後とも親子共々、ご指導よろしくお願いいたします。

リア母

こんなふうに喜んでいただけたようです。見ていて気持ちいいほどの食べっぷりになっているのが嬉しい限りです。まあ、私くらいの大人になってしまってから「納豆を忍法で克服」というのは、余計なお世話ってなものですが。

それにしても、私は「忍法」って言っているのに、親子そろって「忍術、忍術」って。まあ、いいけどさ。

18 悩める日々の設計図

マユーちゃんの話

今回は、高校2年生のマユーちゃんのお話です。マユーちゃんは4歳前に「アスペルガー症候群」と診断されていました。診断直後から、私に教育相談の申込みがあって、以来12年支援していました。

幼児期には、母親に対する依存が強く、母親もまたマユーちゃんが言うことすべてに反応していました。これは、マユーちゃんの家族に突出した問題があるというわけではなく、ごく一般的な家庭の親がやる対応です。

たとえば、こんな感じのやりとりが展開されます。

「お母さん、やりたくないことがあるの！」

「やりたくないことって、何よ？」

「今日は帽子をかぶりたくないからね」

「どうして帽子、かぶりたくないの?」

「だって、その帽子キライだもん!」

「どうして? 前はかぶってたじゃん!」

「いやだ!」

「じゃあ、他の帽子ならどうなの?」

「他の帽子もイヤ!」


こんな問答が、1日1回どころではなく、起きている間、延々と続くのです。外出先の話、食事のこと、体調のこと、きょうだいのこと、時間のこと、遊びのこと……。すべてにおいてです。

お母さんもマユーちゃんの発した言葉にそのまますべて直球で応じていたので、「変化球が欲しいです」「たまには牽制球を」「時によっては選手交代も」と伝えていました。

どのようにすればいいのか、私がお母さんに提案した一例を紹介してみましょう。


「お母さん、やりたくないことがあるの!」

「あ、お母さん、思い出した!」

「え!?　……ねー、お母さん、今日は帽子をかぶりたく……」

「お母さんね、今日は1年ぶりに懐かしいほうのスーパーに行かないと!!」

「……お母さん、帽子……」

「え？　懐かしいスーパーって覚えている？」

「何？　○○屋？」

「そうそれ！　よく覚えてたね！　あそこ電車で何駅だったっけ？」

「△△駅でしょ」

　とまあ、こんな感じに私がいくつかケース別の台本をつくってお母さんにお伝えしました。もちろん、実際にはマユーちゃんがどんなことを言い出すか分かりませんので、お母さんには常にアドリブが求められます。そのためには、頭の中でイメトレを十分しておいてもらうしかないので、「たとえばまあこんな感じです」と提供し、なおかつ練習もしました。

　注意事項も伝えました。子どもからしたら、「今まですべて思い通りに母親の応答を引き出していた」（強化されていた）のですから、「それが思い通りにならない」（消去）が起きると、「見たこともないくらい不機嫌になり、文句が増えて、場合によっては泣いて怒って暴れるようになります」ということです。

１００の質問に１００の答えを返さなくてもいい

先ほどの例では、まだマユーちゃんは「なんとなく」こちらのペースに乗せられていますが、そんなふうにいくことのほうが少ないのです。それでも、１００の質問に１００の回答をするような真面目一貫な子育てよりも、

- １００の質問にゼロ回答で１００の別の話題提供
- １００の質問に50の天然ボケ回答と50の真面目回答のハーフアンドハーフ
- １００の質問に１０００の質問カウンターアタック

などなど、いろいろできるはずです。

当然ですが、これは専門家を目指している大学院生でも実際の専門家でも、そもそもこうした発想もなければ、あってもうまく使いこなせない人もいるくらい難易度が高い技術だとは思います。ピアニストが楽譜を見て演奏することができても、必ずし

も全員が即興演奏をできるわけではありません。

ただ、何も知らずによかれと思って、子どもの言った言葉に全部応じるような子育てや教育をしていくと、それなりに青年期以降で弊害も出てきます。そのことは知っておいたほうがいいでしょう。

さて、お母さんはこうした対応の必要性は理解してくれましたが、うまくなるのに3、4年くらいかかりました。マユーちゃんが小学3年生になった頃、マユーちゃんの「お母さん！」「ねえ、お母さん！」という嵐のように執拗《しつよう》な声掛けは収まりました。お母さんが、見事に「聞き流し」「カウンター」「別の話題提供」「家事を始める」などなど、私が推奨する別のカードを切ることができた後の静けさです。

マユーちゃんは、ひとりで宿題を片づけてマンガを読んだり、ポータブルゲームで遊んだり、割り当てられた家事を自分からやるようになっていました。お母さんの相談を終えた後、私が声を掛けるととてもゴキゲンな様子で「やっと私の出番ね」という感じで来てくれます。こんな感じなら、将来の就労もいい感じで実現できそうですよ、という話をその当時からしていました。

順調な経過でしたので、小学校の高学年で相談を終結しようとしたのですが、ご両親の強い希望で年4回程度に回数を減らしつつも、相談を継続していました。

4か月も先のことを悩む

マユーちゃんが高校2年生になったときのことです。お母さんが少し深刻そうに相談してきました。高校で今度、高齢者の介護の体験実習というのがあって、そこでの人間関係を心配していると。そこでお母さんにも同席してもらい、マユーちゃんを呼んで話を聞いてみることにしました。

「マユーちゃん、久しぶりやね。今日はどないしたん?」

「今度の体験実習でグループになるんですけど、嫌なグループに入ってしまったらどうしようって……」

「ふむふむ……」

「今までの実習のグループは、最高のメンバーだったからよかったけど、もうこれ以上にいいメンバーになることはありえないから、次は絶対に悪くなるのは目に見えてます」

「なるほどね……」

話をじっくりと聞いてみると、実習で一緒になる4、5人のメンバーが誰か分からないことからくる不安が相談内容でした。しかも、これまで実習のメンバーには恵まれすぎていたから、余計に不安が強まっているようなのです。

そもそも、マユーちゃんは小学校の修学旅行、中学校の修学旅行と、班分けのたびに不安が強くて、親が同伴しないと行けないんじゃないかというくらいでしたので、グループ活動は苦手なのは明らかです（ちなみに、どちらの修学旅行も親同伴なしで参加できています）。

「マユーちゃん、その実習はいつから始まるの？」

「12月に入ってからです」

「えぇ!?」

と、私は大げさに驚いて見せました。まだ、7月だったからです。

「マユーちゃん、そのグループのメンバーが決まるのはいつくらい？」

「11月に入ってからだと思う」

「えぇ!?　まだ4か月も先やん！」

「そうです」

「それで今から心配？」

「うん、悩み中です」

ということでした。ここから私のアドリブです。

「マユーちゃん、７８３６４」

「７８３６４？」

「うん、７８３６４」

「なんですか、それ？」

ノートに数字を書いて、数字の上にルビを打ちました。

「７８３６４、なやみむよう！」

「でも、心配だもん」

「分かった。じゃあ、その心配や悩みは、11月にすることにしよう」

こう言って、お母さんに「ちょっと書き込めるカレンダーを持って来てください」

とお願いしました。

カレンダーに12月の実習の期間を書き込んで、11月のグループ決定になりそうな期間にも印を書き入れました。これで終わりにできるほど甘いものではないことは百も承知です。「悩むな」と言ったって、悩むもんね。しょうがないがな、ヒューマンだもの。

「よっしゃ！　じゃあ実習グループの悩みはここの11月のところくらいからな！」

「……うん」

「じゃあ今から、マユーちゃんが今日から悩むことを、書き込んでみまーす！」

「え？」

マユーちゃんも少しびっくりした顔をしましたが、お母さんのほうがもっと驚いた顔をしていました。

「えっと、今、7月やから……。7月終わりに何か新しいことないかな？」

私はお母さんに聞きました。

「お母さん、マユーちゃんに何かひとりでさせたいことはあります？　たとえば映画をひとりで観に行くとかって、もうやってますかね？」

「映画をひとりでっていうのはないです」

「よし、じゃあマユーちゃん、この7月の終わりに映画館でひとりで映画を観ることな！」

「はい」

「もちろん、マユーちゃんの観たいやつでええよ」

「うーん、何かあったかなぁ……」

「じゃあ、カレンダーに映画にひとりで行く日を書き込んで」

マユーちゃんに鉛筆で書き込んでもらいました。

「それで、このマジックで今日からその日までの日付の下にアンダーラインを引いてね、そして鉛筆で『悩み中』って書いてよ」

このように作業してもらいました。

「よしっ、いいね！　いい感じや！　今ここで決めないでいいから！　この青いマジックで線を引いたところで、あれこれ悩むこと。何の映画にしようか、どこの映画館にしようか、昼ご飯はどこで食べようか、計画的に悩んでね、それでそのあれこれをカレンダーに鉛筆で書いていってな」

こんな感じで、マユーちゃんと別れました。

悩むなら計画的に

お母さんには、このようにフォローをお願いしました。

「ご覧の通りです。『悩む必要なんかないよ』と励ましたって無理でしょう？　ネタ的に謎かけ風に7 8 3 6 4とかは言いますけどね。

どうせ悩むんだから、悩みながらあれこれと具体策を打てる段階のものから処理するようにすればいいのです。3か月先にどうなるか分からないことで悩むのは病気っぽいし、モッタイナイでしょ」

そんなわけで、お母さんには7月末になったら8月の悩みを計画し、8月に入ったら9月の悩みを計画してもらうことにしました。悩みの種類もバリエーションも豊富に。

たとえば「お母さんがストライキを起こして、お父さんが1週間すべての家事をこなす（もちろん夫婦そろっての演技です）」。するとどこかでマユーちゃんが今まで担当したことのない家事をやらなければいけなくなる。

あるいは、「おばあちゃんの家で週末を2週連続で過ごす」（マユーちゃんだけで過ごしたことはほとんどないそうです）。

さらには、「知らない業者が家の工事に入るという理由で、マユーちゃんの持ち金を全額いったん銀行に貯金する」などというものもありました。

いずれも、やったことがないので「プチ悩み」には十分でしょう。

そして、いずれも「いつから」「いつまで」がハッキリしているので、カレンダーに書き入れられる計画的な「悩み」の役割を果たしてくれます。

すぐにお母さんから、お礼のメールが届きました。マユーちゃんはひとりで観に行く映画を何にするか、ネットで調べて計画を立てていると（それも、「お母さんと行くなら○○だけど、私ひとりだったらそれは嫌だなぁ」などといろいろ考えて）。そして、セッションの前まで毎日こぼしていた実習の悩みについては、まったく言わなくなったそうです。

11月の教育相談の日には、悩みごとなんかゼロのような明るい表情のマユーちゃんと会うことができました。

「どやった？　映画？　うまくいったの？」

「ひとりで行けました！」

「そりゃ、さすがマユーちゃんやな！」

「奥田先生、これ……」

小さな便せんを渡してくれました。

そこには、

７８３６４
悩み　無用
奥田先生、いつもありがとう。

と、カラフルに書かれていました。

感動の気持ちは置いといて「よっしゃ、ちょっとカレンダーを持って来て！」と、マユーちゃんにカレンダーを持って来てもらいました。

そこに私は「マユーちゃん、悩み卒業！　悩み→考え」と、書き入れました。

「これからはな、『悩み』っていう言葉を使わずに、『考え』っていう言葉でいこうな！　そのほうが大人に近いからね」

「うん」

ノートに書いておきました。

「７８３２４」

「７８３２４？　なやみにし？」

「悩み不要」

「はい」

高齢者の介護の体験実習も、緊張はしながらも見事に乗り越えてくれたのでした。

19
「告知」ではなく「自己理解」を

カルロくんの話

カルロくんは小学6年生。自閉スペクトラム症（アスペルガータイプ）と診断されたことのある男の子です。

4歳になる前に私のクリニックにご両親に連れられて来談しました。そのときは暴力や集団に入れないなどの問題が大きく、保育園は退園させられてしまっていました。お母さんは仕事を辞めて幼稚園を探して、ようやく入園させてもらえることになったそうです。それでも、その幼稚園でも当然のように暴力などが目立って、日々ご両親は悩んでおられたのでした。

まずは、自宅での暴力への対応方法について、ご両親にお伝えして少し練習しました。1か月後、ほとんど暴力はゼロになったのですが、まだ起きることがあったためにさらに微調整して、2か月後までには完全にゼロになりました。1か月前には確実に起こっていた暴力の場面でも、そこを本人がグッとこらえて別の行動（練習でターゲットとした内容です）をすることができるようになっていました。

幼稚園は、あまり協力的ではなかったのですが、暴力や暴力のほのめかしのような行動が起きた場合、細かく連絡帳に書いてくださいました。自宅で暴力がゼロになっても幼稚園では変わらない子どももいますが、自宅だけでも暴力ゼロにした場合に、幼稚園でも暴力ゼロになることもあるのです。カルロくんの場合は、後者のほうでした。

小学校は通常学級に在籍し、通級利用をすることになりました。学力的には平均的でした。クラスメイトとの会話は一方的になりがちで、小学3年生と4年生の2年間は、特定の子どもから言葉による嫌がらせを受けたこともありました。

これらのいじめについては、ご両親に即対応してもらって、学校に改善を働きかけてきました。クラスメイトに何と言われたのか分かりませんが、この頃から「なんでぼくはこっちで授業を受けるの？」「障害者だから？」などと母親に聞いてくることもあったので、おそらくカルロくんが疑念を持つような心ないことをクラスメイトが言ったのでしょう。

事実、悩みの多い年代にもなってきています。

「ぼくが障害者だから？」

ある日、母親が相談してきました。

「あの、先生、カルロが自分のことを『障害者だから？』なんて聞いてくることが最近増えたのですが、どう答えればいいのでしょうか」

「お母さん、その話はまた今度ね」

と、遮《さえぎ》りました。

カルロくんは、イヤホンでポータブルゲームをして待っているのですが、次回から親御さんだけで相談に来てもらうことにしました。聞いている可能性もあるので、まずは親御さんから詳しい状況や考え方を聞いてからでないといけません。

そして、翌月。久しぶりにお父さんもご一緒に来てくださいました。やはり家庭でも「ぼくはどうして障害者と一緒に勉強しなきゃならないの？」などと言っているそうです。

「お父さん、お母さん。カルロくんにどうなってもらいたいですか？」

しばらく考えるお母さん。

「そうですね。やっぱり自分自身を責めるのも、他人を責めることも、しないでほしいです」

「ここへ来て『○○しない』を目標にしてしまってますね、死人テスト（行動分析学では死人にはできないことを「行動」と定義するので、『○○しない』は行動ではない）にひっかかりますよ」

「あっ！……確かにそうでした」

「じゃあ、どうしましょ？」

「告知ですか？『カルロもアスペルガー障害なんだよ』と告知した事実を受け入れることでしょうか……」

「うーん、具体的には浮かばないようですね」

「はい」

「まず最近では『告知』という言葉は使いません。まるで余命いくばくかのがん宣告みたいでしょう？ 最近では『自己理解』という穏やかな表現になってきています。

辻井先生の本『広汎性発達障害の子どもたち―高機能自閉症・アスペルガー症候群を

知るために』を、次回までに読んで来てくださいね」と、いったん時間を置くことにしました。

「告知」というのは、単なるレッテル貼り行為です。その後、何ができるか、何が起こるかが大切だと思いませんか？

もし、レッテル貼りだけされると不安だけが生じます。でも、「何ができるか？」には「ワクワクするようなチャレンジ」、「何が起こるか？」には「楽しそうなこと」が想像できるなら、かなり印象が変わってきます。自分には「ワクワクするようなチャレンジ」がある、そしてそれは「楽しそうなこと」だと気づくために、自己理解があると考えてください。

このような教育相談は、カルロくんに限らず多々あります。保護者にもいろいろな思いや心配があるのですが、ある程度のコンセンサスは得ておいたほうがいいのです。

親も自分の「〇〇症」をさらけ出す

さて、さらに1か月後。今度は、お母さんだけで来談しました。お父さんは仕事ですが、前回紹介した本はきちんと読んでくれたそうです。そのうえで、自己理解を進めたいというので、もちろんお手伝いすることになりました。

「まず、基本的な考え方というか前提なのですが、子どもにだけ『お前、自己理解を深めよ！』っていうのは、なんだか悪い気がしませんか？　だから、私はそんなスタンスは取りません」

さらに続けます。

「話をする大人側にも、何か短所があるでしょう？　それをさりげなく告白するんです。何かあります？　お母さんの場合？」

「うーん、思いつきません」

「そりゃ、あかんわね」

「すいません」

「じゃあ、お母さんは『更年期障害』ということにしましょう」

「……」

「お父さんは？　何かないかな？」

「思いつかないです」

「じゃあ、たぶんお仕事でそれなりに忘れ物とかあるかもしれないので『健忘症』にしましょうか。これは他にもっといいものがあれば替えてもらってOKですので、話し合ってくださいね」

「分かりました」

コツとしては『○○症（症候群）』や『△△障害』という名前を付けたほうがいいかもしれない、ということ。子どもたちはおそらく「自閉症」とか「自閉性障害」「発達障害」などという言葉を耳にしている可能性が高いからです。あえて大人側にも「○○症」「△△障害」と自分自身の困難性には疾患名っぽく名付けてみるのです。

そのあとお母さんから「更年期障害は平均50歳以上なのに、私はまだ40になったばかりですから、さすがに……」という思わぬ反論がありましたが、「じゃあ若年性更年期障害で」と、あえなく撃沈させました。「若年性」を付けることで、より大変な疾患っぽく聞こえるようになったので、余計にOKです。

その他、自己理解セッションをやった後のフォローというかアフターケアの戦略についても、計画を立てておきました。

「それでは、次回は私が口火を切りますかね。次回、カルロくんと一緒に来てください。これまでと同じような感じでお願いします。決して『今回は、奥田先生のところに大事なお話をしてもらいに行こうね』などと重みを持たせないでくださいね」

薬のオンパレード

1か月後。カルロくんはお母さんと一緒にやって来ました。私は普段から持ち歩いているバッグなどを用意し、自己理解セッションの始まりです。

「カルロくん、奥田先生は最近かなり調子が悪いんよね……これ見て」

バッグから常備薬だけでなく、ちょうど通院していた耳鼻科のアレルギーの飲み薬や喘息の吸入薬なども あったので、テーブルの上に披露しました。

「こんなにたくさんあるんやで。これは花粉アレルギー症のお薬、それからこれは奥田先生は喘息があるので吸入の薬な、それからこっちは世界中どこにでも持って行かないと困るやつ……偏頭痛という症状が慢性化してるんで頭痛用の薬と、それから胃薬、んで奥田先生には不眠症、つまり睡眠障害があるので睡眠障害用の薬ね」

「ぼくも喘息の薬は飲みます」

「ああ、そう？　あ、先にお母さんのも聞いておこうかな？」

お母さんに向かって質問をし始めます。

「ねえ、お母さんはどんなのがありますか？」

「効いているのかどうか分かんないですが、物忘れがひどいのでこのお薬とか冷え性もあるのでこのお薬も飲んでますね」

「うん、なるほどねー、お医者さんに何て言われることがあるんですか？」

「更年期障害かもしれないって」

「本当ですかね？　もしそうだとしたら、お母さんはまだお若いからきっと『若年性更年期障害』かもですね！」

「はい」

「ちなみに、お父さんは？」

「お父さんは少し側弯症《そくわんしょう》があるようで痛みがあるときのお薬と、あと弱視なので眼科にもかかっています」

「そうですかー。なるほどね。カルロくん、お父さんとお母さんがお薬を飲んでいたのは知ってた？」

「知ってました」

「そうかあ、でも先生がこんなにたくさんは知らんかったやろ！」

「知りませんでした」

「まあ、お父さん、お母さん、カルロくん、そして奥田先生なら、どうやら奥田先生が一番、薬の種類も飲んでる回数も多いかもしれへんな」

「コンサータを飲んでます」

「ああ、そうやったね」

「それは、何のためのお薬やったっけ？」

「アスペルガー？」

「あ、そうやったね」

「いつまで飲むのかは分かりません」

「ま、そりゃ今は必要だから出てるんでしょ？　いずれ大人になったら必要なくなるか、また必要であれば別のお薬が出るのかもしれないわな」

「ぼくにはコンサータが必要なので今は飲みます、僕はアスペルガー障害なので」

「おう、奥田先生はこのブロチゾラムが今は必要なので飲みますよ、先生は睡眠障害なんでね」

カルロくんの場合は、お薬の話から始めてみたらカルロくん本人から「僕はアスペルガー障害」と言い出しましたし、「今は必要」とも言うようになりました。

「障害の交換、してみる?」

ちょっとだけ、もう少しポップな感じの会話に展開してみました。

「なあ、カルロくん、カルロくんのアスペルガー障害と奥田先生の睡眠障害、交換できるとしたら交換してみたい?」

「睡眠障害って、眠れないんですか?」

「うん、まったく眠れない日もあるよ、一睡もできないねんで」

「それは大変だ……」

「それで、薬を飲んだら眠れるというわけで、これを旅先で薬を忘れたりしたら大変やね。そんなときはサプリを『これは寝るための薬や』と暗示かけて飲んでるけどね」

「からだはしんどいですか?」

「しんどいねえ……。アスペルガー障害と交換してもらえるかな?」

「眠れないのは困ります!」

「じゃあ、アスペルガーのほうがいい?」

「もちろんです！」

こうやって、自分の睡眠障害を存分に臨床に役立てることができるので、トナカイの鼻みたいなものです。便利、便利。周囲や自分がマイナスポイントと思っている部分すら、うまく活用するのが臨床家ですから。

こうして実施した自己理解セッション。お母さんはカルロくんがどのような受け止め方をするのかドキドキしていたそうですが、思ったよりもあっさりとしたもので少し肩すかしだったようです。

肩すかしのような感じでいけば、かなりいい感じです。このような方法でも、涙を流す子どももいますから。もちろん、その涙の理由は分からないままでも、自己理解を大人とともに深めていくのは必要なことだと思います。

ところで、この自己理解セッションの1か月後、お母さんと相談に来たカルロくん。

「お母さんと一緒に専門店で買ってきたんです。安眠効果がありますって店員さんが言ってました」

そんな言葉と一緒に、カモミールティーをくれたのでした。

20 障害とうまく付き合う

ジーノくんの話

ジーノくんは中学3年生。知的障害を伴う自閉症と診断されたのは2歳過ぎの頃で、私の教育相談へ両親に連れられて来たのは3歳前になります。

当時は、要求時のかんしゃくが激しく、気に入らないと物にあたったり、周囲の人を攻撃したりが目立っていました。ご両親の理解と協力もあって、1年近くでそれらをゼロにすることができました。

その後は、言葉やコミュニケーション、生活に必要なスキル、ソーシャルスキル、アカデミックスキル、レジャースキルなどなど、およそすべての子どもに必要な課題をやることになりました。国内線の飛行機に乗って相談に行くようなところでしたので、教育相談の頻度は2か月に1回（たった年6回）でした。

小学校に入る前に、母親とジーノくんとのちょっとした会話を聞いて、私はご両親に伝えました。

「ジーノくんはこの3年間で行動障害もなくなったし、知的発達も大幅に伸びたんですが、『さっきのような親子の会話』の様子を見ていると、将来的にはちょっと心配な点がありますね」

「えっ？　どんな心配なのでしょう？」

「何らかの副次的な精神疾患、精神障害の診断がおりる可能性が高いと思います」

ご両親としては、この3年弱でジーノくんのことで困っていた問題がすべて解決するとともに知的発達も大きかったので、おそらく何が悪いのか分からなかったに違いありません。

「具体的には『強迫性障害』というやつです。私にも少しあるんですが、確認作業を繰り返したり、あらゆることに疑いをかけたり、『汚れ』に対して清潔にすることにこだわったり、儀式的な行動を繰り返したり……私の場合は30秒もかからないので生活上で困ることはないのですが」

「自閉症のこだわりと何か違いがあるんですか？」

「青年や成人になると、それが自閉症者の行動なのか強迫行為なのか、区別が付かない人のほうが多いように思います。ただし、それはどちらでもいいのです」

「何か予防できる方法はありませんか？」

「先ほど『さっきのような親子の会話』と言いましたが、それが親も癖になっているのでなかなか厳しいと思いますね」

「さっきのような親子の会話」とは次のようなものです。

ジーノ「お母さん、どこ行くの？」

母親「塾にお兄ちゃん迎えに行くのよ」

ジーノ「何時？」

母親「あと10分もしたら行ってくるね」

ジーノ「何時に帰ってくるの？」

母親「6時30分くらいかな」

（母親の出発後、父親に対して）

ジーノ「お母さん、いつ帰って来るのかなあ」

父親「心配しなくっても大丈夫だから！　そのうち帰ってくるんじゃない？」
ジーノ「何時何分？」
父親「そんなの分からないけど、6時頃には帰ってくるんじゃない？」
ジーノ「6時30分？」
父親「まあ、だいたいそんなもんだろ？」

何気ない親子の会話のように聞こえるのですが、簡単に言えば「親が子どものすべての質問にリアクションしてしまっている」という特徴があります。

目的を聞かれれば、目的を答える。時間を聞かれれば、時間を答える。不安や心配に対しては、励ましを与える。教育相談の最中であろうと、送迎の車の中であろうと、ジーノくんのご両親は100回中100回、いつでもどこでも応じていました。

18話のマユーちゃんの話でも出てきた問題ですが、もう少し掘り下げてみましょう。

具体的な言葉には反応せず独り言を

ある日の送迎の車の中ではこんな調子でした。

ジーノ「あっ、みてみてー、出光石油が安いんだってー」
父親「あまり変わらんだろ？　出光でもエネオスでも」
ジーノ「だけど、131円って書いてるよ」
父親「カード会員は131円って意味だろ？」
ジーノ「ハイオクは142円だって」
父親「ハイオクは入れねーって」

ご覧の通りです。ジーノくんが「出光」と言ったら父親も「出光」、ジーノくんが「131円」と言ったら父親も「131円」、ジーノくんが「ハイオク」と言ったら父親も「ハイオク」。このように、ジーノくんが話した個別の具体的な言葉に対して、そのまま具体的な言葉をもって応じてしまっているのです。

車の中でのことでしたが、こうしたご両親の応答癖について私が指摘し、「私ならどうするか」を次回の教育相談でお話ししました。

「私ならこうします。ジーノくんが『あっ、見て見てー、出光石油が安いんだってー』と言ってきたら『はぁ、たい焼き食いてぇ……』と独り言。

他にも『131円って書いてるよ』と言われたら『甘いものと辛いもの、どっちを先に食べるべきか、それが問題だ』とこれまた独り言。『ハイオクは142円だって』と言われたら『西田敏行は元気なのかな？　母さん、釣りバカ日誌の映画っていつ始まるの？』とお母さんに話しかけるとか。

変化球的な応答の仕方もあるし、まったく応答しないという場面も作ります」ご両親は、こうした具体例によるレクチャーにいつも深く感心して頷いておられたのですが、やっぱり次の教育相談時にはまた古い癖が出まくっているのでした。

これを何度も何度も繰り返しては私からの注意を受けてきたこと、他のケースでも同じような親子関係を見てきたことなどから、冒頭に述べたようにご両親に対して「ジーノくんが青年期には強迫性障害になる可能性が高い」とお伝えするに至ったわけです。

お風呂とトイレが長すぎる

案の定、ジーノくんが中学3年生時のある日の教育相談に、とうとうご両親から次のような相談がありました。

「実はもう小学校高学年か、もしかしたら小学校低学年からだったかもしれないのですが、トイレが長い、お風呂が長いのです」

今頃になってそれを相談内容にしたいということは、ここのところエスカレートしてきたということです。

自宅での詳しい状況を聞き取ってみると、時間にして30分から1時間以上トイレに籠《こ》もるとのこと。トイレットペーパーの消費量も多いでしょうと聞くと、その通り。お風呂の場合はどうしても1時間以上かかり、ひどいと2時間近くのときもあるそうです。こちらも当然、水道代とシャンプーやボディーソープの消費量が増えているはず。その通りでした。

ご両親の発想では「それなら、時間が長すぎると本人にシャンプーやトイレットペーパー代を払わせよう」というもの止まり。これも「罰的」な発想法です。

「それでは直りませんよ。いや、もう『直る』というのは難しいから、『直らないけど生活で困らない程度に収める』というのを目指すしかないですね。場面ごとでそれぞれ直しても、『もぐらたたき』みたいに別の場面でまた出てくるようなものです」

「自閉症のこだわり行動なのか、先生の仰っていた強迫性障害なのか……」

「いえ、それは別にどうでもいいことです。それが分かったところで何ができますか？」

「……そうですね」

「まず結果をどうこうする前に、本人に気づかせることすら今はできていませんよ」

「病気をですか？」

「そういう意味のことを言いたいのではなくて、お父さんやお母さんが『長い』『長すぎる』と感じておられることです。これは主観的なものだからです。

そりゃ、お風呂に2時間も入られたら家族きょうだい困りますよね？　一般的には『長い』とは思います。でも、ジーノくんにとってそれは『普通』なんですよ」

「……うーん、なるほどそうですね」

「なので、まずは本人にお風呂やトイレの時間を数字にさせることからスタートしましょう」

「レコーディング効果」で、2時間のお風呂が30分に

このように問題の所在を確認してから、記録方法を提案しました。トイレの場合は、

トイレのドアを開けて入ってから出るまでの時間。お風呂の場合は、脱衣所のドアを開けてからお風呂を終え、着替えて脱衣所を出て、ドアを閉めるまでの時間。ドアの外に置いたタイマーを使ってこれらをジーノくん自身に計測させて、ジーノくん自身にカレンダーに所要時間を記録してもらうことにしました。

2か月後の次回の教育相談まで、この記録を必ず取ってカレンダーを持って来るようにお願いしました。

2か月後。前回の教育相談の直後に受診した精神科外来で、医師から「強迫性障害」の追加診断を受けたとのことでした。そして、私との約束通り、ご両親はカレンダーをふたつ持参してくれました。

「これです」

「ああ、やっぱり最初の頃は122分とかありますね……あれ？　この辺りで1時間半とか、最近だと28分とかあるじゃないですか！」

「そうなんですよ！　本当にもう記録だけで劇的にというか、かなり短くなったんです！　まだたまに45分くらいかかる日もありますが、本人なりにそれくらいで出ようとするようになったみたいで、本当に助かります」

「そりゃよかったですね。レコーディングダイエットと同じで、記録だけで改善する人も結構いますよ」

「ありがたいです！　45分くらいなら普通の長さですから、こちらもイライラせずに済みますので」

「まあ、また『普通の長さ』とか言っておられますねぇ！」

「あ、すみません！」

同じく、トイレのほうも時間がかなり短縮されたのが確認できました。ただ、まだトイレットペーパーを多めに使用する（何度も繰り返し拭く）行為が目立つようでしたので、その対処法も次回の教育相談に向けて伝えました。

「本当はお風呂もトイレも、ジーノくん用のプログラムを今日は作るつもりだったんですけどね、まあまた崩れたらやりましょう」

「そのときはぜひお願いします！」

「日常生活でどれぐらい困っているか」が対処のポイント

さらに2か月後の教育相談。この問題はほぼ解決したと言える状況になっていて、なかば拍子抜けでした。

「おかげさまで、もうまったく違和感のない時間というか、この問題は解決したと言っていいと思います！」

「シャンプーやトイレットペーパーなどの消耗度合いはどうですか？」

「これもすぐに出てくるのでまったく気になりません」

「じゃあ、この問題は解決ってことでいいですか？」

「ええ本当にもう、ちょっと前は険悪な関係になっていたのですが、今はもうすっかり怖い感じがなくなって助かりました」

「では、他に今回はどんな相談がありますか？」

「ちょっと洗面所での手洗いが長いかなと」

「ほらね『もぐらたたき』でしょう？」

「気にしすぎですかね？」

「まあ、そうですね」

「直さないほうがいいんでしょうか」

「世の中ではこういう状況で『もぐらたたき』と言うのは、根本解決していないことのような悪いニュアンスで使われますよね？　でも叩いて押し込めているわけじゃないし、別に『もぐらたたき』でもいいと受け入れてあげるしかないと思いますね」

「はい」

「大切なことは『日常生活でどれくらい困っているか？』を基準にすることです。手洗い、どれくらい困っていますか？」

「いいえ、困っているか困っていないかで言えば、困っていません。ちょっと長いなと気になっただけで」

「ジーノくん本人が気づいて、ジーノくん本人が気をつけて、そんな自分の特徴を理解できるように手伝ってあげるという感じでいきましょう。目標も本人に立てさせるくらいになればいいですね」

強迫性障害というのは「日常生活でどれくらい困っているか？」という視点がとても大事になってきます。私自身、さほど困っていなければ「そのままでええがな」と思います。

困りそうな場合は、自分で「ここまで！」と決めています。その自分の「ここまで！」というのは、他人から見ると「いや、ちょっと長いよ」と思われるかもしれませんが、そこを気にすることはなくなりました。

「日常生活で困っている」あるいは「他人を困らせている」のを「個性」と言って放置する（周囲に無理に受け入れさせる）のはよくないことです。本人が困っていなくて、周囲も困らせていない状態になって初めて、「個性」と言ってあげていいのではないでしょうか。

私は、「障害を直すというより、生活を立て直す」というスタンスで支援しています。「障害とはうまく付き合う」というイメージです。

私も自分にもある強迫性障害を受け入れているというより、「それでありがたい」と思って自慢することすらありますから。

SHAMPOO
45m 30s
M
START STOP
S
おふろトイレ
タイム

21 「稼ぎたい気持ち」に火をつける

アルドくんの話

さて、最後の話は中学3年生のアルドくんのこと。3歳になる少し前に「知的障害を伴う自閉性障害」と診断されて、母親に連れられて相談に訪れました。発語もなく、暴力もひどかったので、すぐに定期的な指導を開始しました。

当初の自宅での暴れ方はひどくて、かんしゃくを起こすとリビングのガラス窓部分が蹴破られるくらいのエネルギーがありました。指導後は、激しい攻撃行動は収まり、言葉も増えてきましたが、保護者の希望で小学1年時から特別支援学校に入学することになりました。

その後も、定期的な教育相談を行い、言葉や会話の課題もこなしましたが、特に作業課題にひとりでコツコツと取り組むことを最優先にしてきました。当然ですが「自分からやりたい」と思って取り組めるようにしていく計画でした。

作業内容は「はじまり」と「おわり」が分かりやすいものに限ります。いわゆる「○つけ」、答え合わせの不要な作業ばかりです。

計算プリントなどは「正解－不正解」があるので作業課題には入れません。

そうではなく、

- ペットボトルの容器の中に小さなボールを入れる
- パスタケースの蓋に穴を開けてストローを入れる
- 割り箸を割り箸の袋に入れる
- ボールペンを組み立てる
- コインを仕分ける

といった課題に取り組んでもらいました。「はじまり」は作業セットが目の前にある状態、「おわり」は手持ちの作業個数が全部なくなった状態です。すべて発達年齢よりも低くて、大人の手助けがなくても簡単にできる作業ばかりにするのです。

小学3年生になる頃までには、完全に親の手助けがなくても、6種類から8種類くらい並べられた作業を、連続して逸脱もなくひとりで実施して終えることができるようになっていました。支援学校の先生には、家庭訪問の際にこの一連の自律的に取り組める作業学習を見てもらって、とても驚かれたそうです。

以降、学校でも同じような作業学習を、授業の合間やスクールバス到着後の空き時間などを利用して実施してもらえるようになりました。

破産する体験はお早めに

この頃の、ある日の教育相談でのことです。
母親「先日のことなんですけど、スーパーのガチャガチャをやりたいと言ってお財布の中のお金を全部使ってしまったんです」
奥田「それはいいことですね。で、アルドくんは困ったのですか？」
母親「ちっとも困らないですよ。私のほうが困ってしまいました」
奥田「どういうことですか？　その状況をもう少し詳しく教えてください」
他の家庭でもよくあることなのですが、お母さんの説明によれば、アルドくんの財布には1000円くらい入っていたそうです。ガチャガチャを回す3回目のときに「お金は大事なんだから、もうそろそろやめておきなよ」とお母さんが忠告したら、アルドくんは「やだ、もう1回やる！」と聞かなかったそうです。結局、財布の中のお金を使えるだけ使ってしまったという話でした。

奥田「いいじゃないですか！　それでその後、どうしました？」
母親「いいえ、普通に家に帰りましたけど……」
奥田「それはモッタイナイことをしましたね」
母親「もっと強く制止して我慢させればよかったですか？」
奥田「いや、まったくそういう意味じゃなくて」
母親「……？」
奥田「子どもたちには早めに『破産する体験』をさせてあげたほうがいいんですけどね、そのチャンスを逃してしまってモッタイナイということです」
母親「破産をさせるんですか⁉」

私が大事にしていることとして、「お金を使うこと」「お金を稼ぐこと」「お金を使い切ること」「お金が足りない（買えない）体験をすること」「お金を貯めること」「貯めたお金を使うこと」というのがあります。

親御さんの多くは、最初から「貯めること」を教えようとする傾向があります。貯めることを最初から教えてはいけません。「使うこと」が最初であるべきです。「使うこと」「稼ぐこと」をしっかりやっている親御さんでも「買えない体験をすること」、つまり破産体験を子どもにさせる人は、かなり少数派になってしまいます。

「買えない体験」をどうやってさせるか

奥田「今回の場合は、スッカラカンになったアルドくんとスーパーのフードコートに戻ってクレープでも食べに行けばよかったんです。アルドくんの財布の中には100円前後しかないって分かってましたよね？　だから、それでクレープ屋に行って、まずはお母さんが自分のクレープを注文してください。アルドくんが一番好きなやつを注文するのが効果的です。イチゴチョコバニラアイスが好きなら、お母さんがまずそれを注文します」

母親「はい」

奥田「それでアルドくんに『アルドも買ったら？』って声をかけて、お店の人に迷惑をかけないように値段を先にアルドくんに言ってから、財布からお金を出すように言います。当然、お金が足りませんよね？　そこでお母さんからアルドくんに『450円だよ？　あれ、足りないね！　アルドは買えないね、残念だったね』と言って、お母さんだけ商品を受け取ってふたりでテーブルに座ってください」

母親「ええーっ⁉」

奥田「それで、お母さんだけが美味しくイチゴチョコバニラアイスクレープを食べるのです。アルドくんには紙コップに入ったお水だけあげればそれでよし」

母親「そこまでやりますか！」

奥田「それが破産というものです。アルドくんには飲む物をふたつ。紙コップの水と、悔し涙です。絶対にお母さんのをひと口でもあげたら駄目ですよ」

母親「泣いちゃうでしょうね」

奥田「破産した人は大人でも泣きますよね。そんなときはイチゴチョコバニラアイスクレープをほおばりながら『その代わりアルドはガチャを5回もやったもんねー』と事実を伝えればいいのです」

母親「なるほど」

奥田「ガミガミと言ったらだめですよ。軽く『しょうがないよねー』というくらいの感じです。当然、子どもの破産ですから、できるだけすぐにまた次のチャンスを与えてあげてくださいね」

この日を境に、お母さんがアルドくんにあげていたというお小遣いはゼロ円にしてもらいました。代わりに、当たり前にできるようになっていた作業課題を終える度に、1回120円を工賃として渡すようにしました。また、タダであげていたお菓子にも値段をつけました。

たとえば「おやつ 40円」「チチヤスヨーグルト 20円」のように、です。実際のお菓子の値段を払わせるということではなく、稼いだ中で買えるくらいのものにしています。無駄遣いしない限り、週末のスーパーでのガチャガチャも1~2回くらいはできる程度、毎日の稼ぎから積み立てていけます。ガチャガチャを我慢すれば、急にお母さんにクレープ屋に連れて行かれても、好きなクレープを買えるくらいの稼ぎはあります。

家事に報酬を

こういうことを2年間ほど続け、小学5年生からはすべての家事に報酬が伴うようにし始めました。

次のような「お仕事ボード」を作り、やってもよい仕事をカードにして貼ってもらいました。

120円	草取りをする
100円	おふろそうじ げんかんそうじ
50円	せんたくものを干す ろうかモップ シューズをあらう
20円	せんたくものを取り込む ゴミステーション
10円	瓶を片づける ソファーをコロコロそうじ
5円	カーテンを開ける カーテンを閉める お花に水をやる

お仕事ボード

単価の高い仕事には「低頻度行動」を配置します。どんなに金欠でもまずやろうとしないものは一番上になります。

この仕事を子どもに取られるようでは計算が狂いますので、子どもにやられる前に親がやってしまうべきです。

そして、単価の安い仕事には「高頻度行動」を。これはすでに毎日定着している日課のようなものや好きな活動が該当します。

これらの行動の頻度は、報酬のグレードによって増えたり減ったりしていきます。低頻度にしかやらない行動をコンスタントにやるようになると、お母さんが破産してしまいますので、随時カードを入れ替えていきます。

思ったよりやらない仕事は、一時的に価値を上げることも大切です。まるで為替相場のように、子どもの行動に合わせて「さじ加減」を絶妙に調整していくと、見違えるように仕事をやるようになります。

アルドくんが中学生になるまでには、前記の仕事の内容もさらに追加し、レートもそれなりに高くしていきました。

中学3年生の頃には、月に平均して6000円～8000円くらいは家事で稼ぐようになりました。平均的な中学生の「おこづかい」が2000円や3000円くらいとするならば、よほどアルドくんのほうがお金を持っていることになるかもしれません。

ちなみに、私は講演会や研修会でこの金額を「そうですね、高校1年で月4万円くらいで、高校3年で月8万円くらいは家の仕事で稼がせてください」と話します。

そうすると、多くの人は「そんな高い金額、主人の小遣い以上だし無理」という顔をします。

すかさず、私は「大丈夫です、月8万円を渡すと同時に、家賃・光熱費・食事代などと言って7万5000円を巻き上げるんです」と言って納得してもらっています。

さて、アルドくんのおこづかいはゼロ円のままです。持ち金はすべて自宅で稼いだお金なのです。それにお菓子は自分で買っているわけですし。

時がくれば何もせずに定額がもらえる家庭で育った子より、よほど労働意欲は強くなっているはずです。破産体験も小学生のうちに何度か経験していますから、適度に財布の紐も固くなってきています。

自分で使うために自分で稼ぐ

教育相談のセッション時に、アルドくんに私から聞いてみました。

奥田「アルドくん、今、月6000円も稼いでるんや！　すごいやん！」

アルド「ポケットモンスターアルファサファイアを買います」

奥田「あと何円で買えるの？」

アルド「3000円です」

奥田「あら？　まだまだ買えないか？」

アルド「9月に買います」

奥田「そうか！　毎日結構稼いでいるもんね。高校生になったら月どれくらい稼げるかなー？」

アルド「1万円」

奥田「それはできそうやね！」

アルドくんのお母さんが振り返ってくれました。

母親「あのまま何も考えずにお小遣いをあげ続けていたら、こんな感じには絶対にならなかったと思います」

奥田「ですよね。人間ってのは、必ずしも手にできる額の高さで幸せを感じるわけではないんですよ。自分で使うために自分で稼げているという感覚が大切なんですよね」

母親「先週のことだったんですが、アルドが『お仕事ください』って言うんでお仕事ボードを見てみたら、全部終わってたんです。何か仕事を探して何もなかったのでカップうどんを作ってもらって、簡単にプロンプトしたんですが、自分でできたということで100円あげたんですね。そしたら、次の日にお仕事ボードの100円のところに、アルドが自分で『うどん』と書いた紙を貼って普段からの仕事にしようとしたんです」

奥田「すごいやる気ですねぇ！　しかし、それだとお母さん、毎日、カップ麺を食べさせられるんじゃないですか？」

母親「そうなんです。でも気持ちは嬉しかったので『お料理のお手伝い』というのを追加したんです。お手伝いのいらない日も多いので、これを毎日お仕事ボードには無理なんですが……」

奥田「いやあ、それはすばらしいですよね。そのうち、それなりの値段をつけてあげるといいですよ」

母親「やってみたいと思います！」

一方、アルドくんにはこう言いました。

奥田「家の中にたくさんお仕事があってよかったね」

アルド「お料理お手伝い、もっとやります」

奥田「高校生になったら、そりゃ1万円を超えるでー！」

アルドくんのお母さんは、支援学校の担任に以前「うちの学校の高等部の生徒の就職率は福祉就労も含めて10％もないですよ」と厳しいことを言われて落ち込んでいたこともありました。アルドくんには十分にその10％未満に入る力は育ってきていますし、就職するだけでなくて同じ職場で継続雇用してもらえる可能性もかなり高いと思います。

仕事の技能も大切ですが、それよりももっと大切なことは「働きたい」という意欲ですからね。

親御さんにも、その大切さが伝わっているのが何よりです。

おわりに

いかがでしたでしょうか。

実在の子どもたちがそれぞれの課題を乗り越えて成長していく姿に、何か心揺さぶられるところはひとつでもありましたでしょうか。

激しい行動障害があるために子育てに疲れ果てた親御さんの中には「この子を殺して私も死のうかと思ったこともあります」と述懐される方もいました。何も支援してくれない学校や教師に失望したというような話は、残念ですがしばしば耳にします。親御さんがどのように悩んでいるか、家の中での様子のほとんどは見ることができませんが、十分に想像できる話です。発達障害のある子どもを育てる親の悩みや苦しみについて、より多くの方々にご理解いただける一助となりましたら幸いです。

本書は、私が専門誌『アスペハート』（特定非営利活動法人アスペ・エルデの会刊行）に約8年にわたって連載してきた中から抜粋したものです。大幅に加筆したところもあります。たとえば、連載では「暴力の問題についてはここには具体的な方法を書きませんが、それは直した上で次のような問題を……」などとすることがありました。つまり、手続きの詳述を避けていたのですが、本書ではその手続きのいくつかをオープンにしました。

ところでここ数年、いろいろなジャンルの取材を受け、何度かテレビ出演もありました。バラエティー番組を除いては、私の仕事のシーンをご覧いただける内容でした。それらの番組を見た方々は、書評ならぬ自由気ままな感想を公開されます。研究室のスタッフからそれらを抜粋したコピーをもらいましたが、ほとんどがこちらの意図したこととは違う内容でした。

どちらかというと、くどいくらい具体的に書く私の文章でも伝わらないし、テレビを通して仕事の一部をお見せしても伝わらない。これはもう仕方のないことです。インテリっぽい人のほうこそ色眼鏡がかかっているせいか、視点がずれているようにも思います。シンプルに、直感的に「こうやったら、こうなった（それ以外の方法ではだめだった）」という事実を受け止めるほうがよいように感じます。

また、「はじめに」でも述べましたが、病院で「○○症」「○○障害」などと同じ診断名を付けられていても、それぞれの子どもたちが、他の誰でもなくそれぞれ世界にひとりの存在です。私自身がこのような立場でいるにもかかわらず、読者や視聴者は「他の子（うちの子）に効き目があるかどうかはまた別でしょ」と言う人が少なくありません。

私はこれまでひと言も「Aくんに使った方法がBくんにも使えるのだ」などと言ったことはありません。もし、同じ方法がBくんという別の子では効き目がなかったのなら、それはBくんという子ども専用の方法にしていなかったということなのです。

私は最初から最後まで、目の前にいる子どもに合わせて支援しています。「すべての子に当てはめる」という発想自体がないのです。

ひとつの方法がすべて（多く）の子どもに使えることを目指すよりも、100人の子どもがいれば100人それぞれに合った100個以上のプログラムを作り上げることを仕事にしています。

共通の原理があってエビデンスが明確な方法を使うようにしていますが、それでも問題の見立てや目標、優先順位、方法も、一人ひとりの指紋が異なるようにすべての子ども（家族や学校）によって変えているのです。

さて、私は3年前、常勤の立場であった大学教員の仕事を退職しました。退職を決意した経緯は、拙著『メリットの法則─行動分析学・実践編』（集英社新書）のあとがきに書いた通りです。大学教員になる前から個人経営していたクリニックでの臨床活動が、日々の生活のメインとなっています。

また、西軽井沢で幼稚園を設置するべく長野県に設置申請を行いました。毎日が非常に充実しています。

本書を通して、その私のメインの仕事である臨床活動のほんのわずかな一端をお見せしました。「これがすべてだ」ではなく、本当にほんのわずかな部分的なものですので、すべてを見たかのような捉え方はしないようご注意ください。

本書の「マンガ版」も飛鳥新社から出版されます。そちらでは、各話のページ数が相当なものになりますので、本書から4、5話程度の選り抜きで一杯となっています。臨床活動や教育相談の様子のみならず、保護者の苦悩や成長などが存分に描写されることになりますので、書籍版の本書に併せてお読みください。

最後に、本書を書籍化するにあたって最初から最後まで粘り強く励ましてくださった飛鳥新社の矢島和郎さんに、深く感謝申し上げます。

平成二十六年　七月九日　台風で荒れる那覇にて　奥田健次

＊編集部註　数字は単行本版『拝啓、アスペルガー先生　私の支援記録より』執筆時のものです

増補文庫版のためのあとがき

最後までお読みくださって、ありがとうございました。今回、6話を追加しましたが、紙幅の関係でやむなく「十津川警部」のお話は増補版からは外しました。十津川警部は、単行本版『拝啓、アスペルガー先生　私の支援記録より』と、マンガ版『マンガ奥田健次の出張カウンセリング　自閉症の家族支援物語』にも掲載されているので、ご容赦ください。

その後、私は無事に学校法人西軽井沢学園を設立し、日本初の行動分析学を用いたインクルーシブ幼稚園を開園することができました。

今は『いじめ防止の3R』（学苑社から監訳出版）プログラムを導入するインクルーシブ小学校の設立準備をしています。

やればやるほど「障害のあるなし」は大きな問題ではないと実感しています。親御さん次第で「障害があっても幸せな生活を送ることができる」し、逆に「定型発達なのだが、あれこれうまくいかなくて困っている」というケースを山ほど見てきました。

幼稚園を経営するようになって実感しているのが、本書で紹介した発達障害の子どもへのさまざまな支援は、定型発達の子どもにも同じように応用できるということです。ずっと以前に身体障害者のための入力デバイスとしてタッチパネルが開発されましたが、今となっては私たちのスマホやタブレットのように「すべての人」に役立つものとなったように。

問題を「障害」のせいにしない、が基本姿勢です。大切なことはやはり大人がどのように育てるか、ということ。それが私の強い動機となって親教育に力を入れる学校を作ろうという思いに至りました。

「ありえへん」くらいに面白く、アイデアに満ちた学校づくり。

どうぞご期待ください。

令和四年　一月二日　サムエル幼稚園にて　奥田健次

※
本書はNPO法人アスペ・エルデの会発行の専門情報誌『アスペハート』での連載『アスペルガー小公子』（2006年8月号～2016年2月号）から抜粋し、加筆修正しました。

※※
『アスペルガー小公子』でもお断りしている通り、本人を特定できないよう、登場人物はすべて仮名にしており、記述内容も事実関係を損ねない程度に少しアレンジしていますが、すべて実際の支援に基づくエピソードです。

※※※
2014年に「自閉症」「広汎性発達障害」「アスペルガー障害」などの名称が「自閉スペクトラム症」で一括されると日本精神神経学会により発表され、言い換えも進んできましたが、本書では混乱を避けるため当時の実際の診断名で表わしています。

※※※※
「タイムアウト」（32頁、152頁）について
ある行動をした場合、その行動の直後にその場から一定時間（5分から15分程度）離れさせる手続き。その場にいられると得られる好子（リビングなどで過ごす、親子で楽しいかかわりをしている、ゲームで遊べる等）から遠ざけられる。たとえば、スポーツなどではアイスホッケーなどで用いられている。ひどい反則をした場合、プレーヤーは一定時間リンクの外に退出しなければならない。サッカーのレッドカードと違って、一定時間後にまたリンクに戻ることができるが、タイムアウト中は自チームが相当に不利になってしまう。
教師や親による濫用が起こりやすいため、行動分析学の専門家からの監督・指導を受けるべきである。また、緊急性のある場合以外では「正の強化（好子出現の強化）」による手続きを用いることが望ましい。日本行動分析学会（2014）は、『「体罰」に反対する声明』を出しており、その中でも非暴力的な方法の一つとしてタイムアウトが紹介されている。

Cozy

本書は、２０１４年８月に小社より刊行された単行本に
加筆・修正のうえ、文庫化したものです。

拝啓、アスペルガー先生
私の支援記録より　増補文庫版

2022年　3月1日　第１刷発行

著　　者　奥田健次

発 行 者　大山邦興
発 行 所　株式会社 飛鳥新社
〒101-0003
東京都千代田区一ツ橋２－４－３　光文恒産ビル
電話　(営業)03-3263-7770
(編集)03-3263-7773
http://www.asukashinsha.co.jp

イラスト　オオイシチエ
ブックデザイン　Malpu Design
印刷・製本　中央精版印刷株式会社

ISBN 978-4-86410-869-0

編集担当　矢島和郎